# PAIS!!! ONDE FOI QUE ACERTEI?

## Uma conversa entre psicólogas e pais

vol. 1

Organizadoras:
LIGIA BONINI e DENISE MAIA

SATTVA
EDITORA

contato@sattvaeditora.com.br
www.sattvaeditora.com.br

Editora: **Vivian Lerner**

Projeto gráfico e
diagramação: **Luiz Zonzini**

Capa: **Bruno Okada**

Revisão: **Olenka Franco**

Pais!!! Onde foi que acertei?
Uma conversa entre psicólogas e pais vol. 1


Dados Internacionais de Catalogação na Publicação (CIP)
Agência Brasileira do ISBN - Bibliotecária Priscila Pena Machado CRB-7/6971

P149 Pais!!! Onde foi que eu acertei? : uma conversa entre psicólogas e pais : vol. 1 / orgs. Ligia Bonini e Denise Maia. — São Paulo : Sattva, 2019.
246 p. ; 21 cm.

Inclui bibliografia.
ISBN 978-85-67977-34-8

1. Pais e filhos. 2. Psicologia do desenvolvimento. 3. Relações humanas. 4. Psicologia educacional. I. Bonini, Ligia. II. Maia, Denise. III. Título.

CDD 155.4

# PAIS!!! ONDE FOI QUE ACERTEI?

## Uma conversa entre psicólogas e pais

vol. 1

Organizadoras:
LIGIA BONINI e DENISE MAIA

SATTVA EDITORA

2019

# SUMÁRIO

PAIS!!! ONDE FOI QUE ACERTEI?

# PREFÁCIO

Com grande prazer recebi o convite para escrever o prefácio para este livro. Conheci Ligia Bonini e Denise Maia há muitos anos e tenho o privilégio de tê-las como companheiras de estudo e como amigas. Considero-as não só profissionais capazes, mas também pessoas éticas e generosas.

Elas reuniram, neste livro, autoras que são psicoterapeutas dedicadas ao estudo do desenvolvimento humano e que aliam o conhecimento teórico à prática clínica. Todas elas têm um valor indiscutível na construção do conhecimento nessa área da Psicologia.

Assim, a experiência clínica das ensaístas, fundamentada nos pressupostos da Psicologia Analítica e também nos novos conhecimentos sobre desenvolvimento humano, advindos das abordagens da Neurobiologia, é descrita nos diferentes capítulos que compõem este livro. O objetivo transparece ao longo dos capítulos: trata-se de uma reflexão e uma ajuda à tarefa venturosa de criar e educar filhos.

O capítulo 1, *Recado aos pais*, de Dulce Helena Rizzardo Briza se dirige, especialmente, aos pais e se inicia com o anúncio da gravidez, tendo como tônica a necessidade da compreensão mútua, do desprendimento de preconceitos e da aceitação da singularidade de cada um, ao longo do cotidiano da relação entre pais e filhos.

O capítulo 2, *Ser bebê no mundo de hoje*, de Mônica Andrigo Moreira de Ulhoa Coelho, se destina aos pais, familiares, cuidadores de bebês e também às pessoas grávidas e às que pensam em engravidar. A autora traz conceitos de estudos bem recentes a respeito do cérebro social e da relação de apego. Tais conceitos alteraram as práticas de entender e atender ao ser humano nos primórdios de seu desenvolvimento.

No capítulo 3, *Espelho, espelho meu...,* Cássia Cardoso Pires, baseando-se no conto de fadas A Branca de Neve, de Grimm, explica as consequências que sofrem os filhos de pais narcisistas, em função de serem ou não refletidos. Alude ainda à solidão dos pais narcisistas com o afastamento dos filhos, que apenas se afastando conseguem possibilitar seu próprio desenvolvimento.

Beatriz Vero escreve o capítulo 4, *Como os pais podem influenciar positivamente o desenvolvimento dos filhos.* Trata das influências dos conteúdos inconscientes dos pais sobre o psiquismo da criança e explica como eles podem proteger seus filhos dos efeitos nocivos provenientes deles mesmos.

O capítulo 5, *Tipos psicológicos,* é escrito por Márcia Baptista. A ensaísta ressalta a importância dos tipos psicológicos na infância e mostra como o conhecimento do tipo psicológico facilita a relação com os filhos.

O capítulo 6, *A importância das rotinas no desenvolvimento da criança,* de Ligia Bonini descreve a necessidade das rotinas na vida familiar, salientando que as crianças precisam de regras e limites para crescerem de forma saudável. Enumera, de forma prática, as rotinas do sono, dos hábitos de higiene e das refeições, ou seja, as rotinas de vida diária que causam muitos conflitos na relação pais-filhos, sugerindo forma de adequadamente gerenciá-las.

O capítulo 7: *O limite dos limites* de Yedda Helena Raysnsford Macdonald explora as dificuldades, os desafios e os caminhos dos limites na educação dos filhos. A autora utiliza o Mito de Ícaro como uma alegoria para ressaltar a importância das interdições para a construção da identidade psicossocial de crianças e adolescentes.

Emilia F.A. Reis Marcatti escreve o capítulo 8, *A infância conectada na vida real.* Ela aborda o fenômeno da internet, da disseminação de dispositivos eletrônicos e da criação de uma nova geração, formada pelos "nativos digitais". De forma interessante a autora ressalta a palavra conexão, tão própria da linguagem digital, para explicar a necessidade do equilíbrio entre conexão real com pais, familiares e pessoas que fazem parte da vida cotidiana da criança e a conexão virtual, aprendida, desde muito cedo, por essa geração.

O capítulo 9 de Maria Aparecida Freitas Vilhena se chama *PAR ou ÍMPAR? a Importância do brincar na relação pais e filhos.* A autora descreve as origens do brincar e mostra sua função civilizatória, como fonte e produto da experiência criativa do ser humano ao longo da vida, destacando a importância do brincar compartilhado para a criação da sintonia afetiva entre pais e filhos. De forma didática, mostra os diferentes significados das atividades lúdicas nas diversas fases da infância e alude à importância da ativação criativa da criança interior nos pais e avós.

*Vinculo afetivo: o propulsor da vida* é o capítulo 10, escrito por Ângela Scuoppo. A autora propõe uma reflexão sobre a construção dos laços e dos vínculos afetivos como base para sustentar o desenvolvimento da criança. De forma sensível, se dirige a todos os que abraçam a responsabilidade de cuidar de uma criança, nesta época atual, onde as famílias têm composições muito diversas e mutáveis.

Aimée Grecco escreve o capítulo 11, *Pais em conflito - e os filhos?* A ensaísta traz à lume reflexões, baseadas em sua clínica, a respeito das dificuldades de conciliar individualidade e conjugalidade, vividas muitas vezes pelos pais. Mostra que tais dificuldades criam conflitos que repercutem nos filhos, os quais podem manifestar sintomatologia física, dificuldades escolares e reações emocionais desreguladas.

O capítulo 12 de Maria Lygia Molineiro: *Adolescência e a escolha vocacional*, versa sobre um assunto relevante para os adolescentes, pois a escolha profissional está envolvida na definição da própria identidade. O capítulo aborda como essa escolha se insere no contexto e na fase da vida dos jovens e discute o papel dos pais nessa dinâmica.

Edna Garcia Levy escreve o capítulo 13, que se chama *Orientação aos pais. Autoridade e ambivalência dos pais na contemporaneidade*. A autora mostra que a orientação aos pais é uma prática que visa discutir e esclarecer questões ligadas ao desenvolvimento humano, com o objetivo de se buscar melhor desempenho e mais conforto dos pais em relação à criação e à educação dos filhos. Relata as mudanças que existiram nas estruturas familiares na contemporaneidade e salienta as questões que se referem à autoridade dos pais.

*Suicídio na adolescência* é o capítulo 14, escrito por Luciana Claro Cunha. A ensaísta descreve os fatores de risco para o suicídio, mais frequentes nessa etapa da vida e acrescenta a eles os novos problemas advindos da era digital, especialmente, no caso, à exposição nas redes sociais e o fácil acesso a um enorme fluxo de informações. O capítulo também alude às dificuldades na detecção dos fatores de risco e na prevenção do suicídio.

Denise Maia escreve o capítulo 15, *Os avós na contemporaneidade*. Considerando que os avós de hoje são pessoas muito diferentes dos avós de antigamente, a autora propõe a aliança da associação de pais e avós nos cuidados com as crianças. Afirma que, sendo os avós dotados da sabedoria dos anos vividos, cabe a eles acreditarem nos pais que seus próprios filhos se tornaram, valorizando-os frente aos seus netos.

"Pais!!! Onde foi que acertei?", com certeza, é um grande contributo a todos que estão buscando uma fonte de conhecimento sobre o desenvolvimento humano e sobre as práticas do tomar conta de crianças. Esse livro também se constitui em uma fonte de compreensão para as alegrias e dores da alma de quem se dedica à aventura de ter e educar crianças.

**Ceres Alves de Araújo**

CAPÍTULO 1

# RECADO AOS PAIS

DULCE HELENA RIZZARDO BRIZA

Quanta emoção à confirmação de uma gravidez! Às vezes tão esperada, às vezes uma grande surpresa! Sentimentos vários vêm à tona; expectativas, ansiedade, alegria, medos. Qual será o sexo? Será que virá perfeito? Saberei cuidar?

E após 9 meses de espera e preparações do casal, eis que surge aquele ou aquela que será por nós abençoada e que suscitará nossa dedicação pelo resto de nossas vidas.

A parceria amorosa do pai e todos os cuidados que ele dedica à esposa e ao bebê, participando ativamente de cuidados e carinhos é um fator relevante no desenvolvimento da criança.

É uma enorme realização para a mãe quando o bebê suga feliz o leite materno. O que dizer então do sorriso de reconhecimento que ilumina aquele ser que nos contempla, às vezes após uma noite mal dormida? O cheirinho gostoso que fica para sempre em nossa memória! Vivências de afeto e muito amor, permeando um desenvolvimento que tanto nos surpreende: os primeiros passos, os primeiros dentinhos, as primeiras palavras. E a difícil tarefa de criarmos um ser que seja, na medida do possível, autoconfiante, livre, feliz, um cidadão do mundo. Como é importante vê-lo crescer e se desenvolver sabendo, entretanto, que ele não nos pertence e criará asas para voar e voará rumo à sua própria vida. Caberá a nós estarmos disponíveis e atentos para quando precisar de um colo, um afago, um socorro, talvez um conselho, talvez apenas um ombro.

Uma questão que surge no consultório é a preocupação da mãe grávida e do pai, na segunda gestação, em relação ao primeiro filho, com a chegada de um irmão: Será que ele vai aceitá-lo e não se sentir rejeitado? Se ele for envolvido nos preparativos para a chegada desse irmão, participando da escolha do nome, do enxoval, do quarto e tiver confiança no amor dos pais, sentindo-se valorizado, e se ajudar a mãe, dentro das possibilidades, nos cuidados com o bebê, esse problema não existirá.

No decorrer da vida também fazem parte desse processo as angústias, as preocupações, os conflitos e os desencontros, os choros, os sufocos. Algumas vezes surge a pergunta: onde foi que eu errei? Mas os erros acontecem, apesar das "melhores intenções". Atualmente as funções se dividem entre o casal, assim como as preocupações e planos.

A escuta cuidadosa, a escolha de uma boa escola, a atenção às queixas, o estímulo ao convívio social e à criatividade, o respeito e o exemplo dos pais e professores e a contínua reflexão devem ser elementos importantes para a formação de nossas crianças e adolescentes.

A escola poderá ser uma grande aliada na educação dos filhos, mas não deverá ser a principal responsável pela construção da identidade e preparação para a vida.

A escolha da escola deve ser feita com cuidado, acompanhando os valores e estilo de vida da família. A adaptação do aluno será difícil se a filosofia e a pedagogia da escola não acompanharem valores e educação dos pais. Estes também precisam estar muito atentos para não delegar a educação dos filhos à escola. A formação que dão a eles é de extrema importância.

Carl Gustav Jung, já em sua época, comentava que a escola é apenas um meio que procura apoiar de modo apropriado o processo da formação da consciência.

Até além da idade escolar as perturbações psíquicas infantis muitas vezes se devem a perturbações psíquicas dos pais. Sonhos infantis também se referem a eles.

A tarefa dos professores não deve se ater a uma quantidade de ensinamentos, mas ao acompanhamento das crianças no sentido do desenvolvimento da personalidade.

A finalidade da educação escolar é a de conduzir o indivíduo para o mundo, complementando a educação dos pais.

> *O que importa não é o grau de saber com que a criança termina a escola, mas se a escola conseguiu ou não libertar o jovem ser humano de sua identidade com a família e torná-lo consciente de si próprio* (JUNG).

Da mesma forma que os pais, o educador deverá educar a si próprio, e desenvolver sua cultura e seu conhecimento. É importante que tenha uma ideia a respeito de doenças infantis e distúrbios psíquicos mais comuns.

Um dos assuntos que aparecem no consultório no que tange à escola é o de pessoas que sofreram "bullying". Relatam sentimentos de humilhação e stress quando sofreram agressões de colegas que os fizeram de "bodes expiatórios" para suas próprias fragilidades. Geralmente as vítimas têm alguma característica física ou emocional fora do padrão e passam a sofrer perseguições por parte do agressor, que também tem suas fragilidades. As vítimas nem sempre relatam em casa o que está acontecendo, mostrando, entretanto, relutância em ir à aula. A escola deverá fazer um trabalho junto aos alunos ajudando a dar ferramentas de proteção a eles, enquanto os pais devem estar atentos a essas ocorrências, pois tanto agressor quanto vítima precisam de cuidados, carinho e diálogo, importantes em todas as instâncias, assim como a ética, a consideração e a diversidade.

Também cabe aos pais dar suporte aos filhos na hora de escolher o curso superior. No Brasil essa escolha precisa ser feita numa idade precoce e muitas dúvidas vêm à tona. A Orientação Vocacional pode ser uma boa opção quando o desconforto é muito grande. Mas há casos em que as aptidões e vocações são mais evidentes.

É importante lembrar que cabe aos pais ajudar a pensar sobre uma carreira, mas nunca forçar os filhos a seguirem uma profissão que seja do agrado deles ou a mesma carreira que eles.

Martin Buber, filósofo e pedagogo, afirmou que "para eu ser eu, preciso de um tu que me reconheça como tal". É importante que reconheçamos nossos filhos como pessoas, com seus talentos, defeitos e dificuldades, lembrando também que os psicólogos podem auxiliar tanto filhos quanto pais em seu autoconhecimento, cuidando de suas almas e de suas feridas.

Filhos não são preenchedores de lacunas ou frustrações dos pais, nem devem realizar os sonhos que tiveram para si. Precisam lidar com a realização de seus próprios sonhos e tornarem-se cada vez mais o que realmente são, e não um instrumento de realização dos pais.

Os pré-adolescentes declaram muitas vezes "guerra" aos pais, pois estão em busca de autonomia. É uma boa oportunidade para estes exercitarem sua paciência, sua estabilidade emocional e a capacidade de negociar. É necessária a tolerância a "*bunkers*" montados, portas trancadas, roupas nem sempre adequadas, atitudes nem sempre elegantes, mas também é importante o estabelecimento de limites.

Como comenta Ceres Araújo, o desenvolvimento emocional das crianças e adolescentes varia de acordo com o sexo e o físico também. E quando se iniciam os namoros, é recomendável que os pais superem os ciúmes e acolham os namorados, a fim de que possam dar suporte aos filhos e avaliar a educação dos pretendentes, seus valores e hábitos.

Na época da adolescência os pais voltam a ter noites mal dormidas, em função dos compromissos sociais dos filhos. As baladas são frequentes e as preocupações também: horários, bebidas, drogas.

Se os filhos têm confiança nos pais e vice-versa, as coisas ficam mais fáceis. É necessário saber onde estão e quais as companhias. Conhecer bem os amigos e as amigas dos jovens é importante. A ida e volta às baladas podem ser feitas através de um rodízio de pais ou com um motorista de confiança.

Outra preocupação que aflige alguns pacientes é a separação do casal. É um período sofrido, mas passível de superação, principalmente quando os pais estão presentes e são afetivos com os filhos. A guarda compartilhada e a certeza de que os mesmos terão espaço em ambas as casas e corações darão segurança para essa nova etapa.

Os pais precisam ter o cuidado de não criticar o ex-cônjuge, para que feridas não se abram. Filhos geralmente conhecem os pais que têm, assim como suas limitações e defeitos.

Um novo casamento também gera muitas expectativas e, por que não, dificuldades. Além de darem segurança emocional aos filhos, os pais precisam respeitar os sentimentos dos mesmos em relação ao novo parceiro ou parceira. E se este tiver outros filhos, o processo de adaptação não será fácil: ciúmes, competições e dúvidas surgirão. Os filhos se confrontarão com a diversidade, aprenderão a lidar com ela, aprenderão a dividir seu espaço e seu afeto.

Convém lembrar que o novo marido ou a nova esposa nunca devem ocupar o lugar de pai ou mãe. E com certeza serão parceiros nos cuidados, podendo tornar-se grandes amigos e talvez até novos modelos saudáveis.

Outro desassossego de pais de adolescentes é o uso de drogas ou álcool. A oferta é farta, inclusive nas portas dos colégios. Uma conversa franca ajudará a orientar os filhos e o auxílio de profissionais poderá ser útil. Os motivos que levam ao uso dessas substâncias precisam ser verificados e é bom lembrar que pais que exagerem no álcool ou fumem maconha não podem exigir que os filhos não o façam.

A questão do abuso sexual é outro tema de preocupação que surge no consultório. Desde cedo é importante que os pais ensinem os filhos a se proteger de quem quer invadi-los ou lhes fazer algum mal. E isso inclui o corpo. Convites de pessoas estranhas em espaços públicos devem ser evitados e toques de adultos que desrespeitem sua intimidade deverão ser impedidos e denunciados. Não é raro notícias de pedofilia aparecerem no noticiário ou na internet, por parte de professores, treinadores e mesmo por sacerdotes e parentes. Crianças ou jovens precisam sentir confiança e abertura por parte dos pais, que deverão ter sensibilidade para acolher o relato de qualquer manifestação de assédio, não só sexual como moral.

Algumas queixas que aparecem em relação aos filhos provêm de falta de limites que os pais deixam de impor. Falar "sim" para tudo é muito mais fácil e dá a curto prazo menos trabalho. Mas para a vida e segurança emocional de crianças e jovens a palavra "não" precisa fazer parte da formação. O sentimento de frustração também faz parte da vida e saber lidar com ele é muito importante para o desenvolvimento emocional de todo ser humano. A colocação de limites é importante para que se desenvolva a resistência à frustração, fato que ajudará na formação da autoestima. O exagero tanto no "não" quanto no "sim" é prejudicial e é óbvio que regras podem ser revistas algumas vezes e os pais devem observar uma concordância no estabelecimento delas.

Exemplificando, o controle no uso de videogames, internet e TV deve ser estabelecido, não só em relação aos programas que apresentam sexo explícito, mas àqueles com cenas de violência e falta de ética. O estabelecimento de horários e filtros é necessário.

É importante que os pais examinem com cuidado suas próprias vivências e sentimentos para que possam resolver seus problemas e não os transmitam aos filhos. Por vezes, acontecimentos tidos como triviais podem ter um efeito perturbador.

Os pais influenciam os filhos em sua visão de mundo e é importante verificar a maneira como interagem com os acontecimentos da vida. Uma ansiedade neurótica gera ansiedade na prole e é aconselhável que procurem ajuda profissional para resolver suas crises.

É necessário que os progenitores se responsabilizem e ajudem os filhos a saberem se responsabilizar por suas vidas. Lembremos que os adolescentes estão destinados para o mundo e os pais devem estar atentos para não os considerar sempre como crianças subordinadas à sua autoridade, pois agindo assim impedirão que assumam suas responsabilidades e seus caminhos.

Reforçando, devemos criar nossos filhos para que eles sejam o que realmente são, não para que preencham nossas expectativas e frustrações. Que sejam capazes de cuidar de si próprios, de suportar revezes da vida, de conviver com outras pessoas, de desenvolver seus talentos e habilidades e de confiar em si próprios; enfim, que sejam capazes de construir sua personalidade.

> *Personalidade é a realização máxima da índole inata e específica de um ser vivo em particular. Personalidade é a obra a que se chega pela máxima coragem de viver, pela afirmação absoluta do ser individual e pela adaptação, a mais perfeita possível, a tudo que existe de universal. E tudo isto aliado à máxima liberdade de decisão própria* (JUNG).

Os filhos precisam ter o benefício da dúvida em relação ao que os pais pensam e afirmam e só o diálogo poderá obter bons resultados para um desenvolvimento sadio, responsável e confiante. Pais que demonstram confiança na capacidade de seus filhos os terão confiantes em si mesmos. No lugar de uma atitude crítica, deve haver uma atitude empática, visto que estão construindo uma identidade.

Nas diversas fases de desenvolvimento, os filhos devem receber apoio para construírem sua independência e autonomia, e para se sentirem à vontade com o próprio corpo, com o mundo e pessoas que os cercam. Pais, educadores e terapeutas deverão estar disponíveis para que possa haver superação de traumas e antigos problemas. E quando se arriscam a novas experiências de vida precisam estar seguros que a casa deles, está lá pronta para oferecer conforto e segurança, mesmo apesar de seus comportamentos bizarros e desagradáveis. O adolescente, principalmente, percebendo que suas atitudes têm consequências, verá por ele mesmo que seus atos não estão de acordo com o que ele realmente é e mudará seu comportamento, não por causa da pressão dos pais, mas por decisão própria. Os pais, demonstrando firmeza e certeza de seus próprios valores, mantendo o bom senso e a correção, sem impô-los de forma crítica e insistente, poderão auxiliar muito o crescimento dos filhos. Respeitando-os, favorecerão que respeitem a si próprios.

A insegurança e a instabilidade na vida de crianças e jovens roubam-lhes a possibilidade de um sentimento de pertencimento e de intimidade, tão importante para o desenvolvimento das relações e do amor próprio. A solidariedade dos pais e da família como um todo, o apoio em todas as situações, principalmente na infelicidade, facilitará o desenvolvimento e a segurança emocional de que todos nós precisamos.

Sabemos que os filhos são muito afetados pela insegurança dos pais e que também a tem. Por isso é importante que os progenitores transmitam segurança aos seus filhos e não se sintam rejeitados em situações nas quais eles demonstrem irritação ou desagrado. Muitas vezes crianças e adolescentes estão frustrados consigo mesmos. A relação amorosa, o reconhecimento e o entusiasmo superam essas dificuldades. Os rituais e as celebrações também são importantes para a formação e desenvolvimento emocionais, deixando lembranças felizes e sentimentos dos filhos se sentirem especiais e queridos.

O amor é o verdadeiro caminho para a felicidade. O respeito é indispensável. O exercício da autoridade harmônica se dá na medida em que apoie o caminho da liberdade, orientando para a disciplina e responsabilidade dos próprios atos, lembrando que a superpermissividade impede o desenvolvimento emocional da criança e do adolescente. Cabe aos pais orientar seus filhos no caminho da comunicação com o mundo, a aprender a humildade, a saber oferecer ao próximo o melhor de si, a perdoar, a ser leal, a cuidar da alma, a ter dignidade e a amar. É importante que pais e professores tenham em mente que certas vezes aquilo que querem mudar em seus educandos pode ser o que devem mudar em si próprios.

A ansiedade dos pais e a vigilância exagerada criam uma atmosfera de muito sofrimento. A superproteção gera insegurança, impedindo a liberdade. O perfeccionismo deve ser evitado, para que os filhos não se sintam incapazes de corresponder às exigências criadas e tenham o sentimento de, por este motivo, não serem aceitos. As hostilidades e ameaças, unidas aos maus-tratos geram um ambiente de agressividade e ressentimentos. A indiferença e a acomodação, enfim, a negligência para com as crianças gerará atitudes destrutivas e patologias.

Outras dúvidas que surgem no consultório respondem ao tema da sexualidade: pais preocupados com a orientação sexual de seus filhos, que às vezes existem meninos que gostam de brincar com bonecas e se interessam pelo vestuário e maquiagem das meninas; meninas que não gostam de brincar de boneca e outras atividades socialmente ligadas ao sexo feminino, preferindo brincadeiras dos "meninos". É preciso ter cautela para avaliar um precoce rótulo de homossexualidade. Os pais precisam ter abertura e acolher tais comportamentos, tendo em mente que a opção por brincadeiras na maioria das vezes não significa uma orientação sexual. O importante, no caso dos meninos, é que a mãe deverá estar atenta para não exagerar na sua incumbência de educadora e dê espaço à ligação do filho com o pai no que se refere a assuntos e atividades, pois ele será uma importante referência masculina. O inverso também é verdadeiro, no que se refere às mães, no contato e atividades com as filhas, servindo também como uma referência.

Confiança e segurança no trato gerarão capacidade para a construção de uma personalidade de acordo com aquilo que os filhos realmente são.

O diálogo implica no reconhecimento e na legitimação dos filhos. A escuta verdadeira dos pais em relação a eles próprios, aos sentimentos e vivências, auxiliarão na conexão com suas crianças e adolescentes com o significado do que está sendo dito. A linguagem adotada deverá ser cuidadosa e amorosa, a escuta respeitosa e atenta.

Cabe aos pais ajudar os filhos a pensarem por si mesmos, visando comportamentos éticos, assumindo atitudes baseadas em suas próprias reflexões.

Muitas vezes a influência dos pais pode ser prejudicial à criança quando a atmosfera psíquica da mesma é perturbada. Não se pode esquecer da identificação do estado psíquico dos filhos com o inconsciente dos pais. O exemplo é mais importante do que as palavras.

Infelizmente é frequente que pais sejam a principal fonte de neurose dos filhos, dependendo da disposição específica de cada indivíduo. Jung afirma que devemos considerar também:

> *(...) a ascendência genealógica que determina a individualidade da criança de maneira mais eficiente do que propriamente os pais imediatos, que o são apenas de modo quase fortuito. Não apenas o corpo da criança, mas também sua alma provém da*

> *série dos antepassados, no sentido de que ela pode ser distinguida individualmente da alma coletiva da humanidade* (JUNG).

James Hillman comenta:

> *(...) se hoje nossos filhos estão cheios de problemas, talvez não estejam precisando tanto da ação dos pais quanto de menos paternalismo, que os impede de confiar e ter prazer no mundo físico propriamente dito. Quanto mais acredito que minha natureza vem de meus pais, menos aberto sou às influências em vigor a minha volta"* (HILLMAN).

Assim, problemas que surgem não podem ser explicados somente em função da relação parental, pois estaríamos negligenciando a alma individual e sua ancestralidade, os fatores sociais, ambientais e econômicos. É preciso enfrentar as exigências do destino ao invés de nos refugiarmos somente em explicações parentais.

Jung também afirma que, no início, a criança se acha verdadeiramente sem recurso algum e está exposta à influência psíquica dos pais, que a marcam com tudo o que for ilusão, falta de sinceridade, fingimento, timidez covarde, procura egoísta de comodismo, sentimento de autossuficiência moral. Sofrerá quando os problemas forem recalcados e o sofrimento for poupado de maneira fraudulenta.

O relacionamento entre pais e filhos deveria acontecer dentro de uma atmosfera de compreensão mútua e de desprendimento de preconceitos. A criança capta uma atmosfera de tensão e apreensões. Ela sente os conflitos no ar, problemas e dificuldades que estão no inconsciente ou que estão mantidos em segredo. Será melhor que sejam expostos, na medida do possível, com clareza e respeito. É importante que os educadores tenham consciência de suas próprias dificuldades. E que os filhos sejam criados com o verdadeiro amor. Conflitos, embates, perdas, desilusões, mágoas hão de acontecer por toda vida; o importante é que nossos filhos desenvolvam tanto a própria personalidade quanto capacidade da resiliência e a fidelidade ao seu próprio caminho – não através de convenções sem alma, mas de uma vida singular e criativa.

Jung afirmou:

> *O que cada personalidade tem de grande e de salvador reside no fato de ela, por livre decisão, sacrificar-se à sua designação e traduzir conscientemente em sua realidade individual aquilo que, se fosse vivido inconscientemente pelo grupo, unicamente poderia conduzir à ruína* (JUNG).

Essa breve reflexão faz parte do cotidiano da relação entre pais e filhos, sendo impossível prever cada gesto ou movimento que ocorrerá. Por isso, os pais precisam estar preparados para refletir e avaliar sobre o comportamento a ser tomado em cada ocasião. Para isso o terapeuta poderá contribuir positivamente ajudando a desfazer os nós e auxiliando na sagrada tarefa de conduzir a educação de si próprios e dos filhos. É isso que fazemos diariamente e deveremos fazer sempre.

Nossa voz interior, os apelos que vêm do *Self*[1], garantirão a possibilidade de uma vida plena. Isso precisa estar presente quando nos educamos e aos nossos filhos.

Educar não é uma tarefa fácil! Pode até ser considerada uma arte. Conflitos, medos, superações, alegrias e tristezas estarão presentes neste difícil trabalho, cuja base fundamental é o amor e a dedicação. Fatalmente erros serão cometidos, como fizeram os avós e as outras gerações, pois somos humanos. Que esses erros não sejam crassos e que se possa aprender com eles e suprimi-los, sempre dentro de uma perspectiva consciente e amorosa.

Que pais e educadores sigam cuidando da alma, sendo transparentes, dando muito afeto, amor e respeito àqueles que deverão trilhar seus caminhos nesta vida, sempre debaixo de suas bênçãos.

## REFERÊNCIAS BIBLIOGRÁFICAS

ARAÚJO, C. A. de. *Pais que educam: uma aventura inesquecível.* São Paulo: Gente, 2005.

BETTELHEIM, B. *Uma vida para seu filho.* Rio de Janeiro: Campus, 1988.

HILLMAN, J. *O Código do Ser: uma busca do caráter e da vocação pessoal.* Rio de Janeiro: Objetiva, 2001.

JUNG, C. G. *O desenvolvimento da Personalidade.* (O.C.) 13a edição, São Paulo: Vozes, 2012.

1. Para Jung, o *Self* é o arquétipo de um princípio que organiza; é a totalidade, a supraordenação da psique e sua individualidade.

CAPÍTULO 2

# SER BEBÊ NO MUNDO DE HOJE

MÔNICA ANDRIGO MOREIRA DE ULHOA COELHO

## 1. O INÍCIO DA VIDA

Se para nós já é difícil viver no mundo de hoje, imagine como é para os bebês!

A origem e o início da vida são em conjunto um dos mais fascinantes assuntos da humanidade. A cada ano descobrimos um pouquinho mais a respeito de como a vida surge e se desenvolve e ainda assim, o tema parece inesgotável e sempre instigante!

O que é essencial no desenvolvimento do bebê desde a sua concepção até os três anos de idade (do período pré-natal ao término da chamada primeiríssima infância) é o foco desse capítulo. Trata-se de uma fase que, até recentemente, era cercada por mistérios e dúvidas. Graças a estudos realizados nos últimos anos, porém, hoje temos novos conhecimentos que explicam o desenvolvimento dos bebês e orientam o papel de quem é responsável por cuidar dele.

Este capítulo é dirigido às mães, aos pais e outros cuidadores dos bebês (babás, familiares, funcionários de creche etc.). Na verdade, quero me dirigir não apenas aos pais e cuidadores principais de um bebê, mas também àquelas pessoas que estão pensando em engravidar, aquelas que estão grávidas, as que engravidaram sem planejamento, de surpresa ou mesmo sem o desejo consciente ou inconsciente de ter um bebê.

Também me dirijo àquelas que adotaram ou tiveram que assumir a responsabilidade de cuidar de um bebê. Todas estas pessoas estão vivendo um momento muito especial.

O objetivo é falar de alguns aspectos importantes sobre os bebês e seu desenvolvimento para uma reflexão que ajude a lidar com esse momento de um modo mais consciente, tranquilo, prazeroso e criativo. A despeito da responsabilidade, do desafio ou mesmo do eventual sonho de cuidar de um bebê, ter informações sobre a importância do início da vida para o desenvolvimento de qualquer pessoa pode fazer esta experiência mais frutífera e gratificante.

Infelizmente no Brasil a mortalidade infantil cresceu em 2016, depois de quinze anos de queda ininterrupta. Outro fato preocupante para as nossas crianças, que vem sendo noticiado diariamente nos jornais e mídia eletrônica, é a queda na cobertura vacinal, que pode afetar a erradicação de doenças graves como sarampo e poliomielite. Um terço das crianças de zero a três anos não possuem acesso a creches por falta de vaga e em cada dez crianças que moram no Brasil, seis vivem na pobreza. Esses dados são realmente alarmantes e tornam todo o cuidado com nossas crianças mais importante e essencial ainda.

Assim, vendo o mundo que temos hoje e pensando no mundo que sonhamos ter para as futuras gerações, torna-se primordial olharmos com os olhos da alma e do coração para como os bebês e crianças estão sendo criados nas mais diferentes realidades e culturas, e trazermos à luz o que realmente importa para que nossos bebês e crianças se desenvolvam bem, saudáveis, felizes e possam prosperar em suas vidas, contribuindo para uma sociedade melhor, mais humanizada e equilibrada.

## 2. A VIVÊNCIA DA GESTAÇÃO PELO BEBÊ

Estamos acostumados a ver a gestação como uma experiência de vida muito especial para a mãe, pai, familiares e amigos próximos. Não podemos, no entanto, esquecer que também o bebê vivencia este momento, levando para a vida tudo o que o impactou, para o bem ou para o mal, nos meses em que se encontrava no útero.

Quando observamos os nascimentos, vemos, de um lado, casos em que o bebê é desejado e planejado, motivo de grande alegria para a gestante e a família, e de outro, casos em que o bebê não é esperado, parece um equívoco, foi o resultado de uma imprudência ou mesmo de violência. No primeiro caso, o bebê vivenciará os efeitos positivos da aceitação desde o início no útero, do mesmo modo em que, no segundo caso, vivenciará os efeitos negativos das circunstâncias em que foi gerado a partir do começo da vida intrauterina. Entre um e outro extremo, uma gama enorme de situações sutis e complexas pode acontecer.

Sabemos atualmente que o período pré-natal é de extrema importância para o bom desenvolvimento físico, cerebral e da personalidade do bebê. Fisicamente o bebê será nutrido pela mãe, de modo que o que é por ela ingerido pode alimentar muito bem ou intoxicar o seu bebê, com sequelas graves, como no caso de ingestão de álcool, ou uso de cigarros, drogas e alguns medicamentos, por exemplo. As consequências da intoxicação do bebê vão do baixo peso ao nascer até má-formação, doenças congênitas e incluem riscos de vida como a pré-maturidade e o abortamento. Além disso, nessa fase, o bebê vivencia junto com a mãe todas as emoções dela como gestante, incluindo eventual estresse ou trauma. Essa vivência modela e modula a arquitetura cerebral dos bebês, sua expressão genética e seu desenvolvimento físico e psíquico. Estudos da medicina e psicologia pré-natal, da epigenética, bioquímica e neurologia já delinearam claramente essa vivência intrauterina dos bebês, que pode ser positiva ou negativa para o seu desenvolvimento. Depressão e hiperatividade numa criança, por exemplo, podem ser o resultado das vivências do período gestacional. Cada vez, fica mais claro para a ciência o quão importante é uma gestação tranquila e saudável.

Uma gestação estável não quer dizer necessariamente uma gestação sem nenhum tipo de problema, medos, ansiedades ou dificuldades. A ambivalência e oscilação emocional são características comuns, dentro de certos níveis, e apenas em casos mais graves ou extremos é que podem afetar o desenvolvimento do bebê (e, no pior cenário, a gestação em si, com o risco de prematuridade ou até de abortamento).

É importante que as gestantes que se identifiquem com o segundo cenário traçado acima, passem a ter consciência dessa questão e seus impactos, sem se culpabilizarem, o que não as ajudaria em nada, nem aos seus bebês. Nesses casos o ideal seria que essas gestantes, se sentirem necessidade, procurem auxílio (familiar, psicológico e social, por exemplo) para lidarem melhor com os conflitos desse momento, minimizando seu sofrimento e as potenciais consequências para seus bebês. Importante também no caso de gestantes com alguma adicção, que sejam acolhidas e tratadas ao invés de criticadas, julgadas e culpabilizadas. O ideal é que o pré-natal dessas gestantes seja acompanhado não só pelo médico obstetra, mas também por psiquiatra e psicólogo.

Diante dos novos conhecimentos sobre o início da vida, é importante termos mais consciência da delicadeza e da fase crucial que é a gestação para o desenvolvimento saudável dos bebês. Nesse sentido, as gestantes precisam ter não só um bom acompanhamento pré-natal, mas também o apoio familiar e social necessário para uma gestação harmônica e saudável; e que as famílias tenham também amparo social e econômico para garantir, no começo da vida do bebê, as condições necessárias ao seu bom desenvolvimento.

## 3. O PARTO

O parto em si é um assunto que merece especial atenção e orientação aos pais. O importante é que a gestante tenha um médico de confiança e que respeite seus desejos em relação ao parto, agindo de modo cuidadoso com relação à saúde e aos direitos dela e do bebê. Se o parto será na maternidade ou domiciliar, normal ou por cesariana, por exemplo, são assuntos que têm gerado muita polêmica, ansiedade e estresse para inúmeras gestantes. Estes assuntos demandam uma conversa clara e aberta com o médico, seguida da elaboração do "Plano de Parto", que deve ser acordado com o médico. A gestante pode elaborar o plano de parto especificando claramente os seus desejos e limites. No entanto, muitas vezes vemos que é mais o bebê, do que a gestante ou o médico, quem de fato escolhe quando e como será o parto!

Atualmente, sabemos da valorização e das vantagens do parto humanizado e do parto normal para o desenvolvimento do bebê e para o favorecimento da vinculação entre a gestante e ele, mas, é claro, existem casos em que realmente a cesariana é a única opção e o parto na maternidade também. Diante disso, a aceitação de que o bom parto é o parto possível, aquele que traz o bebê ao mundo para que ele possa viver e que preserva a mãe, é muito importante, para evitar sequelas graves e riscos de vida desnecessários a ambos. Mesmo diante do conhecimento sobre os benefícios do parto normal, hoje em dia muitas gestantes optam pela cesariana por diferentes motivos. De um lado, há o medo do parto em si ou de morrer nele, de sentir muita dor ou do bebê morrer no parto; de outro, há a comodidade do agendamento da data e horário do nascimento, tanto para a gestante, como para a equipe médica. Fica claro, que realmente cada gestante é única em seus sonhos, medos, desejos e possibilidades e essa dupla mãe bebê deve ser acolhida e respeitada em sua escolha.

Como vemos, desde a vida intrauterina os bebês estão sujeitos a alterações no seu ambiente (interno e externo) e a fortes emoções, sendo o próprio parto possivelmente a mais intensa delas nesse período, requerendo todo o respeito, cuidado e acolhimento necessários para um nascimento tranquilo e sem traumas!

## 4. AS "FUNÇÕES PARENTAIS"

Atualmente os bebês nascem e se desenvolvem em famílias com as mais distintas formações e características. Existem famílias constituídas por (i) mãe, pai e bebê, (ii) mãe, mãe e bebê, (iii) pai, pai e bebê, (iv) mãe e bebê, e (v) pai e bebê, entre outras possibilidades, incluindo madrastas, padrastos, tios, avós etc. Diante de tantas possibilidades e arranjos familiares, a psicologia adota o conceito de "funções parentais", ou seja, da função materna ou maternagem e da função paterna ou paternagem.

É importante perceber que as funções parentais podem ser exercidas tanto pelos pais como pelos demais principais cuidadores do bebê e independem do gênero; ou seja, o pai ou o avô pode exercer a função materna e a mãe ou a avó, a paterna. Até o momento, há um consenso no sentido da necessidade dessas duas funções para o desenvolvimento regular e saudável dos bebês. Nos casos das famílias monoparentais (mãe e bebê ou pai e bebê apenas) a função parental ausente pode ser suprida por outra pessoa do ambiente familiar ampliado (avós ou tios, por exemplo) ou mesmo da comunidade mais próxima desse pequeno núcleo familiar.

Resumidamente, a função materna está ligada à nutrição afetiva e alimentar, proteção e segurança emocional, bem como aos cuidados com a higiene, bem-estar e educação da criança de um modo geral. A função paterna envolve, além da afetividade, a introdução do outro, do limite, da ordem, da lei, bem como a inserção social da criança no mundo, sendo responsável pelo corte do cordão umbilical simbólico que entrelaça a mãe e o bebê. A função paterna também envolve o suporte emocional necessário à mãe, auxiliando-a na calibragem do equilíbrio emocional dela no exercício da maternagem e consequentemente no equilíbrio emocional do bebê e contribui para o bem-estar e a educação da criança. Mais uma vez, quero frisar que essa predominância de tarefas numa ou noutra função não depende do gênero do cuidador.

## 5. O "CÉREBRO SOCIAL" E A RELAÇÃO DE APEGO

O bebê humano é um ser mamífero cem por cento dependente, frágil, incapaz de se alimentar e sobreviver sozinho sendo portanto, um ser essencialmente social desde o começo da vida. Isso quer dizer que, para se desenvolver, precisa estar em relação com outro ser humano e que o seu desenvolvimento depende da qualidade da sua relação social e afetiva com o outro. Hoje sabemos que um ser humano é dotado de um "cérebro social", ou seja, o próprio desenvolvimento cerebral do ser humano ocorre a partir da relação com o outro ser humano.

Na primeira infância, em especial na primeiríssima infância, o principal cuidador (em geral, mas nem sempre, a mãe ou o pai) tem um papel fundamental no desenvolvimento da criança. É por meio da relação construída momento a momento, no dia a dia, com esse cuidador na primeiríssima infância, que o bebê irá aos poucos olhar e ser olhado nos olhos, ter seus afetos e emoções espelhados, se identificar, se conhecer, e se constituir como um indivíduo. Essa relação, conhecida como "relação de apego", é muito delicada e especial; e envolve muita dedicação, ternura, força de vontade, paciência, atenção e autoconfiança da mãe, do pai ou de quem for o cuidador principal, para que o bebê se sinta olhado, amado, acolhido, confortável e seguro num mundo que lhe é inteiramente novo, desconhecido e, dependendo do caso, pode até já ter sido bastante hostil.

Assim, é importante que o cuidador principal esteja aberto e disposto a dedicar-se a aprender a amar o bebê, atendendo-o no que for necessário para seu bem-estar e consequente desenvolvimento a partir dessa vinculação amorosa. Essa abertura e disposição do cuidador existe na medida em que o indivíduo se sente razoavelmente bem consigo mesmo e ao mesmo tempo se sente amado também, ou quando o cuidador vê nessa função uma oportunidade de dar novo sentido à sua vida, sendo uma experiência transformadora e benéfica para ele mesmo e o bebê.

Quando o principal cuidador é a mãe que gestou o bebê, a "relação de apego" começa desde a barriga, de modo que o bebê logo após o nascimento reconhece e distingue o cheiro e a voz materna, por exemplo, graças a essa relação que se inicia na fase intrauterina.

Quando o principal cuidador não é a pessoa que gestou o bebê (como nos casos de adoecimento ou falecimento da mãe no parto ou logo após o parto, abandono materno, adoção, ou reprodução assistida com uso de "barriga de aluguel", por exemplo), podem ocorrer algumas situações que afetam o equilíbrio e o bem-estar físico e psíquico do bebê. Ele, até o nascimento esteve em contato muito intenso com a gestante, mas, agora, tem que se acostumar com outro cuidador, até então desconhecido ou menos conhecido. Também o cuidador terá, nesse caso, de se adaptar a esse bebê desconhecido. Essa situação no pós-parto é de fato uma vivência estressante, ansiogênica e potencialmente traumática para o bebê e o cuidador, dependendo de como se desenrolar.

Em todo caso, seja o cuidador principal a gestante ou não, o ideal é que a relação de apego se desenrole pouco a pouco, com o cuidador identificando e atendendo rapidamente todas as necessidades do bebê de nutrição, afeto, colo, aconchego, higiene, saúde, distração, segurança, continência, conforto, de estar só ou na presença dele etc.

À primeira vista pode parecer algo natural, automático, sem qualquer mistério, ou dificuldade. No entanto, não é sempre assim tão simples ou fácil como se imagina ou se deseja! Muitas mães, pais e cuidadores enfrentam enormes desafios, impotências, angústias, medos, frustrações, raivas e solidão nesses momentos, diante da enorme responsabilidade que é exercer a maternagem e a paternagem e da sensação de estarem deixando boa parte de suas vidas de lado nesse período.

Hoje sabemos que o famoso instinto materno, assim como o paterno, são construções sócio-históricas, não são inatos, nem universais; sabemos também que o desenvolvimento do amor e da função parental depende da história de cada sujeito e de como se desenrola a relação de apego desde a concepção.

## 6. NEM TUDO SERÁ FAVORÁVEL

Algumas mães podem desenvolver após o parto desde o chamado "baby-blues" (tristeza pós-parto), menos intenso e de curta duração, até a depressão pós-parto, mais intensa e um pouco mais prolongada. A depressão pós-parto já é um quadro psíquico importante que requer tratamento psicológico e possivelmente medicação psiquiátrica, além do acompanhamento e apoio familiar. Em casos mais raros, porém mais graves, elas podem desenvolver a psicose puerperal. Se isso acontecer, a mãe deve ser tratada psicologicamente, medicada por psiquiatra, acompanhada pelos familiares e até mesmo ser monitorada ou afastada temporariamente do bebê, para não colocar em risco a vida dele e a dela também.

Os fatores que levam a esses quadros psíquicos são em parte fisiológicos, mas também de origem psicológica e social. A frequência de casos de depressão pós-parto é maior em mães com conflitos ou instabilidades pessoais, familiares, profissionais ou econômicas, bem como nas que não planejaram ou desejaram a gravidez. Lembro aqui que as mães que vivenciam esses quadros psíquicos se beneficiarão de todo apoio e auxílio familiar, psicológico e social a que possam ter acesso, não devendo se culpar ou serem culpabilizadas pelo seu sofrimento e adoecimento, uma vez que isso não as ajudaria em nada, nem aos seus bebês.

Bebês de mães que desenvolvem esses quadros puerperais mais significativos podem sentir e sofrer o impacto deles na formação da relação de apego. A presença, o afeto e cuidado dos pais ou de outro cuidador principal nesses casos é fundamental para suprir o bebê com o que ele necessita nessa fase de adoecimento materno, minimizando os efeitos negativos dessa situação temporária.

Além desses quadros puerperais que são mais comuns do que se imagina nessa fase, mães, pais e cuidadores podem não conseguir apaziguar um bebê mais agitado ou inconsolável, ou podem não conseguir se conectar com um bebê mais apático e inexpressivo. Pode ocorrer de não terem a disponibilidade ou mesmo a presença, sensibilidade ou empatia necessárias para esse papel. Um bebê que nasce com algum problema sério de saúde pode representar um desafio ainda maior para além da capacidade emocional momentânea da mãe, do pai ou do cuidador principal. Este desafio pode dar-lhes um novo sentido na vida, de modo a se tornarem mais resilientes, aprendendo a desempenhar a função parental, em circunstâncias que exigirão muito mais dedicação.

Todas essas situações podem marcar fortemente a história de vida e o desenvolvimento dos bebês e de seus cuidadores.

Quando tudo transcorre bem e a mãe, o pai ou o cuidador principal desenvolve um bom relacionamento com o bebê, a sintonia amorosa proporcionará o crescimento com mais segurança emocional, mais saúde física e psíquica. O bebê terá mais capacidade para autorregular suas emoções, tendo de um modo geral melhores chances de um bom desenvolvimento emocional, motor, social e cognitivo. Mas se a mãe, o pai ou o cuidador principal for desatento, distante, frio, negligente, inconstante, ambivalente, intrusivo ou agressivo, ele não entrará em sintonia amorosa com o bebê, que tenderá a crescer com menos segurança emocional, menos saúde física e psíquica, menos capacidade para autorregular as emoções. Não só não terá, de um modo geral, as chances de um bom desenvolvimento emocional, motor, social e cognitivo, como correrá o risco de desenvolver doenças físicas e psicopatologias graves, precocemente ou mais tarde, tais como depressão, transtorno de déficit de atenção, ansiedade, comportamento agressivo, anorexia etc.

Nesse ponto, vale destacar que mesmo os bebês que encontrem uma mãe, pai ou um cuidador principal com dificuldades no estabelecimento da relação de apego, podem, ao longo da vida, alcançar um bom desenvolvimento, caso tenham, por exemplo, outros cuidadores ou pessoas que atuem como referência e o amparem e o acolham. Nesse caso, dizemos que se trata de bebês e crianças com uma história de vida resiliente, pois, apesar das dificuldades iniciais, conseguiram se desenvolver bem contra todas as adversidades.

## 7. SER BEBÊ NO SÉCULO XXI

Ser bebê no século XXI significa enfrentar dificuldades, desafios e riscos diferentes dos que nós enfrentamos nessa fase. A superação desses obstáculos nessa fase inicial da vida, contando com o apoio social e econômico por meio de políticas públicas e ações privadas, bem como com o amparo familiar, é crucial para o desenvolvimento saudável dos bebês desde a gestação. A mudança e ampliação da consciência sobre a importância dessa fase da vida na sociedade é urgente e fundamental.

Se dependesse apenas da vontade de seus pais e cuidadores principais, o bebê do século XXI seria poupado destes desafios e riscos. Mas, na grande maioria das vezes não está ao alcance deles mudar a situação. Devemos conhecer estes desafios e riscos que o bebê e a criança estão enfrentando e, na medida do possível, atuarmos para minimizar seus efeitos.

Os mais importantes desafios e riscos que o século XXI traz para os bebês são os seguintes:

**(1)** ***Postergação da maternidade e paternidade com aumento da reprodução assistida.*** Na época atual, buscam-se a alteridade e a igualdade de condições e direitos entre homens e mulheres em todos os campos da vida (no lar, trabalho, política, sociedade etc). As mulheres estão gradativamente conseguindo sua autonomia e igualdade de condições, mas possuem pouco ou nenhum apoio social, familiar, governamental e comunitário para auxiliá-las nas questões ligadas à gestação e à maternidade. Com o aumento do número de mulheres no mercado de trabalho e na expectativa de alcançar o sucesso profissional, muitas postergaram a maternidade em prol da carreira e independência financeira. Na verdade, sem se darem conta, agem como se maternidade, sucesso na carreira e independência financeira fossem incompatíveis, o que não são nem devem ser. Como consequência, muitas mulheres hoje encontram extrema dificuldade para engravidar quando finalmente o desejam, devido ao processo natural de envelhecimento. Os homens também são afetados pelo envelhecimento nesse sentido, dificultando também a viabilidade da gravidez mais tardia. Algumas mulheres se antecipam e recorrem aos tratamentos de reprodução assistida com o prévio congelamento de óvulos e/ou embriões, que podem ou não viabilizar a maternidade na época desejada, conforme o caso.

O bebê, já sabemos, vivencia junto com a mãe o seu estado emocional ao longo da gestação. Ele está exposto às ansiedades e estresses da mãe em relação ao bom resultado do tratamento de reprodução assistida, que poderão impactar o seu desenvolvimento e até mesmo a gestação.

Se de um lado a reprodução assistida representa a realização do sonho e do desejo de ser mãe e de ser pai, sendo um tratamento extraordinário nesse sentido e trazendo enorme alegria a muitas famílias, de outro lado é importante tomar consciência de que a reprodução assistida, dependendo de como e quando for realizada e vivenciada pode trazer impactos para o bebê e a gestante. O acompanhamento psicoterápico concomitante ao tratamento recomendado por muitos médicos especialistas em reprodução assistida é um excelente meio para minimizar os riscos inerentes a esse processo.

**(2) *Terceirização precoce da educação.*** A maioria das mães atuais tem pouco tempo disponível para seus filhos, com tantas responsabilidades acumuladas no trabalho, na organização da casa, na vida conjugal, na vida social, nos seus cuidados pessoais etc. e muitas delas acabam delegando quase integralmente a maternagem a creches, berçários, escolas, babás e familiares. A maioria dos pais também não possui muito tempo disponível para os filhos, aderindo ao mesmo processo de delegação da paternagem. Por vezes, os pais ainda acabam tendo de disputar com as mães o contato com os filhos, pois elas nem sempre lhes dão espaço, em alguns casos por conta da sensação de culpa por não passarem tempo suficiente com os filhos.

Claro, os bebês hoje são colocados muito mais cedo nas creches e escolas, alguns com apenas dois meses de idade, porque tanto o pai como a mãe necessitam trabalhar. As creches e berçários também sofreram os impactos dessa mudança e nem todas estão aptas a cuidar de bebês tão novos. Longe de ser uma crítica ao crescente empoderamento da mulher, uma vez que ele é realmente urgente e necessário em prol da alteridade, o importante é também procurar garantir que ele ocorra inclusive nesses períodos (gestação e a primeiríssima infância) e nessa função (maternagem) que são tão importantes para o desenvolvimento humano. A valorização da gestação, da maternagem e da paternagem é urgente para que se articulem medidas\meios sociais e econômicos para sua promoção em benefício de toda a sociedade. Nesse sentido, é fundamental também revitalizar a importância da paternagem, trazendo a mesma igualdade de direitos e condições aos pais, mães e cuidadores em geral.

Essa antecipação do envio dos bebês às creches e escolas, de um lado, favorece o desenvolvimento social e cognitivo deles, pois passam a interagir com outros bebês e adultos mais cedo, porém, de outro lado o desenvolvimento emocional ligado à qualidade do vínculo com a mãe, pai ou cuidador principal corre o risco de ir se constituindo de maneira mais fragmentada e frágil, impactando o desenvolvimento emocional, social e cognitivo. Nesse cenário, os bebês acabam tendo de se adaptar à ausência dos pais por longos períodos muito precocemente e precisam lidar com diferentes cuidadores, como familiares, babás, educadores e até mesmo os "cuidadores eletrônicos" (babá eletrônica, tablets, celular e televisão).

O impacto da fragmentação e fragilização do vínculo pelo distanciamento físico prolongado das mães, pais e cuidadores principais da família pode ser notado mais acentuadamente quando acontece desse bebê não ser de fato investido de desejo e afeto, nem ser internalizado ou sentido como alvo do amor deles, seja quando estão ausentes ou mesmo presentes em torno do bebê. Quando aquele que exerce as funções parentais tem em mente o bebê, o percebe como um ser dependente do seu afeto e espelhamento e, portanto, investe sua energia e desejo em amor e cuidados, os impactos da distância física prolongada pelas necessidades do cotidiano e do trabalho podem ser atenuados.

**(3) *Intoxicação digital.*** Devemos aceitar que estamos vivendo o que vem sendo denominado de a quarta revolução industrial e, se pensarmos bem, nós ainda não conseguimos assimilar integralmente a terceira. Voltando no tempo, para compreender esse ponto, lembramos que a primeira revolução industrial foi marcada pela transição da produção manual para a mecanizada, entre 1760 e 1830. Na segunda revolução, por volta de 1850, o emprego da eletricidade viabilizou a produção em massa. A terceira revolução, conhecida como a revolução digital, aconteceu a partir do início do século XX, com o aparecimento da eletrônica, da tecnologia da informação, das telecomunicações. A quarta revolução coloca em pauta e perspectiva a automatização total da produção com a dispensa da mão de obra humana nas fábricas inteligentes, graças à internet das coisas, aos sistemas ciberfísicos e à computação na nuvem. Cada uma dessas revoluções trouxe suas vantagens e desvantagens.

Arrisco dizer que, de fato, ainda estamos identificando e vivenciando os impactos da revolução digital, uma vez que a velocidade imprimida à vida nos trouxe maior agilidade, produtividade e ganhos financeiros por exemplo, mas também maior grau de estresse, ansiedade, adicção e depressão. No mundo atual falamos de intoxicações digitais precoces, ou seja, existem impactos negativos na saúde física e psíquica de bebês decorrentes dos efeitos negativos da revolução digital na saúde e comportamento das mães, dos pais e cuidadores.

Muitas vezes, o escasso tempo que mães, pais e cuidadores possuem para desfrutar com seus bebês é interrompido, descontinuado e desperdiçado por estarem constantemente plugados no celular, *notebooks* e *tablets* (a trabalho, alimentando redes sociais ou entretenimento). Há uma séria dificuldade nos adultos de colocarem limites no seu próprio uso da tecnologia e ela acaba prejudicando eles mesmos e os seus filhos. Ao ficarem constantemente conectados à tecnologia, os adultos se desconectam dos filhos e passam aos bebês e crianças um modelo já em desequilíbrio, sem qualidade, sem continência e sem limites.

Falamos também em impactos negativos na saúde física e psíquica dos bebês pela digitalização precoce dos próprios bebês. Para ilustrar esse último aspecto podemos refletir sobre como é afetado o desenvolvimento emocional e social do bebê e da criança que fica por vezes mais tempo conectada ao celular ou ao *tablet* e à televisão do que se relacionando com um outro ser humano.

O celular, o *tablet* e a televisão produzem imagens e sons que capturam o olhar, a audição e a atenção, mas não devolvem o olhar aveludado da afetividade, nem a musicalidade amorosa modulada da voz da mãe, do pai ou do cuidador, não tocam a pele do bebê e da criança, não nutrem nem interpretam seus desejos e necessidades. Podemos pensar numa intoxicação por hiperestimulação sensorial visual e auditiva e numa hipoestimulação emocional, social e motora. Não se trata de demonizar ou banir o uso da tecnologia, ao contrário, é preciso aprender a melhor utilizá-la, e para tanto, bom senso e limites no seu uso são necessários.

**(4) A*s polaridades da superproteção e da negligência.*** A superproteção nos cuidados dos bebês e crianças é tão nociva quanto a negligência, o isolamento e o abandono. É notório que bebês negligenciados, destinados ao abandono e isolamento, tendem a ser menos resilientes, com fortes impactos na saúde física e psíquica. De outro lado, mães, pais ou cuidadores que superprotegem, privando os filhos do contato com o mundo, blindando-os numa espécie de bolha ou redoma de proteção exacerbada, promovem, sem se darem conta, um enorme malefício. Eles não permitem que se criem as condições necessárias para que seus bebês desenvolvam autonomia, tolerância à frustração e empatia, contribuindo para que se tornem mais mimados, autocentrados e frágeis emocionalmente, bem como menos resilientes e tenham pior desenvolvimento motor, social, emocional e cognitivo, impactando também a saúde física e psíquica.

## 8. ALGUNS CAMINHOS

Não existe uma receita pronta para todos os casos. Ao contrário, cada gestação é única, em termos de vivências positivas e eventuais impactos negativos. Mas alguns caminhos podem ser trilhados por todos os que se preocupam em garantir ao pequenino ser em gestação e ao bebê que nascerá as condições mínimas para o bom desenvolvimento físico e mental. Aqui, indico três destes caminhos:

**(1)** ***O Pré-natal e o Plano de Parto***. O acompanhamento pré-natal é essencial para uma boa e saudável gestação, sendo obrigatório a todas as gestantes. Dentro do acompanhamento pré-natal, a gestante poderá elaborar junto ao médico e à maternidade o seu plano de parto. Nele, a gestante deverá explicitar: (a) se quer um parto domiciliar e como definirá sua viabilidade ou não, (b) se quer um parto normal, (c) como o médico e a maternidade deverão proceder para atender essa vontade, sem colocar em risco a vida dela e do bebê, antes de determinar uma cesariana, (d) quais as técnicas para alívio da dor que poderão ou não ser utilizadas, (e) se terá uma doula ou não, (f) quem estará presente no momento do parto etc. A transparência e o diálogo em torno dos desejos e direitos da gestante e seu bebê de um lado e de outro o médico, sua equipe e a maternidade, são um caminho para o bom parto e para que o nascimento do bebê seja o mais tranquilo e acolhedor possível.

**(2)** ***Brincadeiras, muitas brincadeiras.*** Um caminho maravilhoso a ser trilhado pelas mães, pais e cuidadores no exercício da função parental é o contato com o bebê pelo lado lúdico. O bebê aprende a brincar desde o início de sua vida. O brincar é uma atividade simples, agradável e espontânea, que favorece o desenvolvimento físico e psíquico, promovendo a expressão corporal e emocional, a imaginação, a capacidade de simbolizar e a criatividade.

Podemos dizer que os primeiros brinquedos do bebê são o seu corpo e tudo que é por ele produzido, bem como o corpo da mãe, do pai ou do cuidador principal. Ao brincar, o bebê torna-se capaz de estabelecer uma relação consigo mesmo e com o mundo exterior, o que é fundamental para o desenvolvimento da sua percepção de si como indivíduo no mundo. Os bebês expressam (de modo não verbal) suas emoções e pensamentos por meio do brincar, sendo muito importante que os pais e cuidadores estimulem a brincadeira, mas também aprendam a ler e compreender o que o bebê comunica ao brincar.

A brincadeira revela o mundo interno do bebê e nos dá também sinais da evolução de seu desenvolvimento motor, cognitivo, social e emocional. Com o tempo, as brincadeiras evoluem facilitando, por exemplo, o desenvolvimento sensório-motor. Além do próprio corpo e do corpo do adulto, brinquedos como chocalhos, bonecas de pano, bolas e cubos de tecidos e diferentes texturas, móbiles e caixinhas de música podem ser ótimos para estimular a brincadeira.

Muitas mães, pais e cuidadores relatam dificuldade em voltar a brincar com seus bebês, pois sua própria criança interna está adormecida, esquecida... Costumo dizer que nada melhor do que cuidar de um bebê para se permitir resgatar essa criança interior, de modo que o brincar se torne uma atividade curativa para a alma adulta e que favoreça de diferentes modos tanto a criança como sua mãe, pai ou cuidador principal. É muito gostoso relembrar as nossas brincadeiras favoritas do passado e poder ensiná-las aos nossos bebês, além de ser um modo de não deixar morrer, na poeira acumulada pelo tempo, certas brincadeiras da nossa cultura. Que tal já começar a lembrar das brincadeiras e se imaginar brincando novamente?

**(3)** ***Para o bebê ficar bem, ajuda que todos à sua volta estejam bem.*** A psicoterapia para mães, pais, e cuidadores principais desde o período gestacional, ou mesmo desde o aparecimento da vontade de ter um bebê e o trabalho psicoterapêutico focado em orientação de pais e cuidadores, bem como a prática de atividades como a meditação passam a ser grandes aliadas do melhor exercício da parentalidade. São medidas de autocuidado desses adultos que os preparam para as funções parentais. Quanto mais autoconfiantes e equilibrados emocionalmente, conseguirão com mais facilidade entrar em sintonia amorosa com o bebê desde o início.

## 9. CONCLUSÃO

Concluindo, tudo tende a ficar bem com o bebê na medida em que ele tiver o amor genuíno, atenção e continência suficientes das mães, dos pais e cuidadores principais. A justa medida, nem de menos, nem demais, se atinge quando o bebê é por eles bem cuidado, estimulado a brincar, a explorar seu ambiente interno e externo e a interagir socialmente sempre sob o olhar e o afeto das mães, dos pais e cuidadores.

A arte do trabalho de orientação de mães, pais e cuidadores principais está em como ele aos poucos possibilita criar o espaço e a abertura para a reflexão desses adultos, promovendo uma gradativa ampliação da consciência sobre o papel deles no exercício das funções parentais, que se reflete em maior autoconfiança e na progressiva formação de um vínculo mais sintonizado e empático com o bebê, favorecendo o seu bom desenvolvimento. Pode parecer que essas ideias e conceitos já são amplamente conhecidos desde a época dos nossos avós e bisavós e que não há uma grande novidade, mas o que alguns de nós sabíamos antes por intuição ou observação, hoje é exaustivamente estudado e comprovado pelos cientistas.

Fica, aqui, minha mensagem: você, que está pensando em ter e cuidar de um bebê ou já está com este desafio na sua vida, atente que tudo que ocorre durante a gestação tem impacto, para o bem ou para o mal, no desenvolvimento dele; atente, também, para a grande importância da criação e construção de uma forte, equilibrada e amorosa relação de apego na primeiríssima infância e para a importância do brincar nessa construção. Descuidos nesta fase da vida do bebê podem gerar problemas sérios e difíceis de resolver, na saúde física e psíquica dele no curto e longo prazo. Antes de tudo, cuide de sua própria saúde: você conseguirá dar conta da enorme e transformadora responsabilidade das funções parentais na medida em que estiver bem, física e mentalmente. Esse é um bom começo para ter menos erros e mais acertos nesse caminho de mãos dadas com seu bebê.

## REFERÊNCIAS BIBLIOGRÁFICAS

ARAÚJO, C.A. de. *Pais que educam. Uma aventura inesquecível.* 2ª ed. São Paulo: Gente, 2006.

ARAÚJO, C.A. de. *Psicologia Analítica,* In ASSUMPÇÃO, Francisco B. Jr.; KUCZNSKI Evelyn . (Org.) *Tratado de Psiquiatriada Infância e da Adolescência.* 2 ed. São Paulo: Atheneu, 2012, v.1, p.905-914.

BOYD, D.; BEE, H. *A criança em crescimento.* Porto Alegre: Artmed, 2011.

BOWLBY, J. *Apego e perda.* 3ª ed. São Paulo: Martins Fontes, 2002. (Apego, v. 1).

CENTER ON THE DEVELOPING CHILD AT HARVARD UNIVERSITY. *Building the Brain's "Air Traffic Control"* System: How Early Experiences Shape the Development of Executive Function: Working Paper No. 11, 2011. Disponível em: <http://

developingchild.harvard.edu/wp-content/uploads/2011/05/How-Early-Experiences-Shape-the-Development-of-Executive-Function.pdf>. Acesso em: 25 mar. 2017.

______. The Science of Neglect: *The Persistent Absence of Responsive Care Disrupts the Developing Brain*: Working Paper No. 12, 2012. Disponível em: < http://developingchild.

harvard.edu/wp-content/uploads/2012/05/The-Science--of-Neglect-The-Persistent-Absence-of-Responsive-Care-Disrupts-the-Developing-Brain.pdf>. Acesso em: 25 mar. 2017.

______. *Supportive Relationships and Active Skill-Building Strengthen the Foundations of Resilience* Working Paper No. 13, 2015. Disponível em: < http://developingchild. harvard.edu/wp-content/uploads/2015/05/The-Science-of-Resilience2.pdf >. Acesso em: 25 mar. 2017.

COZOLINO, L. *The neuroscience of psychotherapy: healing the social brain*. New York: Norton, 2010.

CYRULNIK, B. *Os patinhos feios*. São Paulo: Martins Fontes, 2004.

______. *Resilience: How your inner strength can set you free from the past*. New York: Tarcher/Penguin, 2011.

CUNHA, F.; HECKMAN, J. J. *Investing in our young people*. National Bureau of Economic Research, 2010.

DR. ALLAN SCHORE ON *RESILIENCE AND THE BALANCE OF RUPTURE AND REPAIR*. Produção de PsychAlive. [S.l.] [201-?] Vídeo com excerto de entrevista. Disponível em: < https://www.psychalive.org/video-dr-allan-schore-resilience-balance-rupture-repair/>. Acesso em: 10 mar. 2017.

DUNKER, C. I. L. *Intoxicação digital infantil.* In *Intoxicações eletrônica: o sujeito na era das relações digitais.* Organizadoras Angela Baptista e Julieta Jerusalinsky. Salvador: Ágalma, 2017. p. 117-145.

FORDHAM, M. *A criança como indivíduo.* 10ª ed. São Paulo: Cultrix, 2006.

GERHARDT, S. *Por que o amor é importante: como o afeto molda o cérebro do bebê.* 2ª ed. Porto Alegre: Artmed, 2017.

GORDON-ROUSE, K. A. *Infant and Toddler Resilience.* Early Childhood Education Journal, v. 26, n. 1, p. 47-52. New York: Human Science Press, 1998.

HECKMAN, J. J. *Skill formation and the economics of investing in disadvantaged children.* Science, v. 312, n. 5782, p.1900-1902, 2006.

HECKMAN, J. J. *The economics, technology, and neuroscience of human capability formation. Proceedings of the National Academy of Sciences,* v. 104, n. 33, p. 13250-13255, 2007.

______. *Giving kids a fair chance.* Cambridge, USA: MITPress, 2013.

JACOBY, M. *Psicoterapia junguiana e a pesquisa contemporânea com crianças: padrões básicos de intercambioemocional.* São Paulo: Paulus, 2010.

JERUSALINSKY, J. *Que rede nos sustenta no balanço da web? - o sujeito na era das relações virtuais.* In *Intoxicações eletrônica: o sujeito na era das relações digitais.* Organizadoras Angela Baptista e Julieta Jerusalinsky. Salvador: Ágalma, 2017. p. 13-38.

JERUSALINSKY, J. *As crianças entre os laços familiares e as janelas virtuais.* In *Intoxicações eletrônica: o sujeito na era das relações digitais*. Organizadoras Angela Baptista e Julieta Jerusalinsky. Salvador: Ágalma, 2017. p. 39-55.

JUNG, C. G. O *Desenvolvimento da Personalidade*. (O. C.) 11a ed. Petrópolis: Vozes, 2011.

KNOX, J. *Archetype, attachment, analysis: Jungian psychology and the emergent mind*. New York: Brunner-Routledge, 2003.

______. *Self-Agency in Psychotherapy Attachment, AutoIntimacy*. New York: W.W. Norton & Company, 2011.

KOHLER, R.M. *Archetypes and complexes in the womb*. The Jung Page, 2013. Disponível em: < https://www.cgjungpage.org/learn/articles/analytical-psychology/870-archetypes-and-complexes-in-the-womb>. Acesso em: 07 set. 2018.

NATIONAL SCIENTIFIC COUNCIL ON THE DEVELOPING CHILD. *Young Children Develop in an Environment of Relationships*: Working Paper No. 1. 2004a. Disponível em: <http://developingchild.harvard.edu/wp-content/uploads/2004/04/Young-Children-Develop-in-an-Environment--of-Relationships.pdf>. Acesso em: 25 mar. 2017.

______. *Children's Emotional Development Is Built into the Architecture of Their Brains*: Working Paper No. 2, 2004b. Disponível em: <http://developingchild.harvard.edu/wp-content/uploads/2004/04/Childrens-Emotional-Development-Is-Built-into-the-Architecture-of-Their-Brains.pdf>. Acesso em: 25 mar. 2017.

______. *Excessive Stress Disrupts the Architecture of the Developing Brain*: Working Paper 3. Updated Edition, (2005/2014). Disponível em: <http://developingchild.harvard.edu/wp-content/uploads/2005/05/Stress_Disrupts_Architecture_Developing_Brain-1.pdf>. Acesso em: 25 mar. 2017.

______. *The Timing and Quality of Early Experiences Combine to Shape Brain Architecture*: Working Paper No.5, 2007. Disponível em: <http://developingchild.harvard.edu/wp-content/uploads/2007/05/Timing_Quality_Early_Experiences-1.pdf>. Acesso em: 25 mar. 2017.

______ *Establishing a Level Foundation for Life: Mental Health Begins in Early Childhood*: Working Paper No. 6. Updated Edition, 2008/2012. Disponível em: < http:// developingchild.harvard.edu/wp-content/uploads/2008/05/Establishing-a--Level-Foundation-for-Life-Mental-Health-Begins-in-Early--Childhood.pdf>. Acesso em: 25 mar. 2017.

______. *Persistent Fear and Anxiety Can Affect Young Children's Learning and Development*: Working Paper No. 9, 2010a. Disponível em: <http://developingchi ld.harvard.edu/wp-content/uploads/2010/05/Persistent-Fear-and-Anxiety--Can-Affect-Young-Childrens-Learning-and-Development.pdf>. Acesso em: 25 mar. 2017.

______. *Early Experiences Can Alter Gene Expression and Affect Long-Term Development*: Working Paper No. 10, 2010b. Disponível em: <http://developingchild.harvard.edu/wp--content/uploads/2010/05/Early-Experiences-Can-Alter-Gene-Expression-and-Affect-Long-Term-Development.pdf>. Acesso em: 25 mar. 2017.

RUTTER, M. Protective factors in children's responses to stress and disadvantage. *Annals of the Academy of Medicine*, v. 8, n. 3, p. 324-338. Singapore, 1979.

______. *Resilience in the face of adversity: Protective factors and resilience to psychiatric disorder*. British Journal of Psychiatry, 147, 598-611, 1985.

______. *Implications of resilience concepts for scientific understanding.* Annals of the New York Academy of Sciences, v. 1094, n. 1, p. 1-12, 2006.

______. *Resilience reconsidered: conceptual considerations, empirical findings, and policy implications* In: SHONKOFF, J. P.; MEISELS, S. J. (Eds) Handbook of early childhood intervention/edited. Cambridge: Cambridge University Press, 2011. p. 651-682.

______. *Resilience as a dynamic concept. Development and psychopathology*, v. 24, n. 2, p. 335-344, 2012.

______. *Annual research review: resilience–clinical implications. Journal of child psychology and psychiatry*, v. 54, n. 4, p. 474-487, 2013.

SCHORE, A. N. *Affect Dysregulation and Disorders of the Self.* New York: W.W. Norton & Company, 2003.

______. *The Science of the Art of Psychotherapy.* New York: W.W. Norton & Company, 2012.

______. *Affect regulation and the origin of the self: The neurobiology of emotional development.* London: Routledge, 2016.

SPITZ, R. A. *O primeiro ano de vida.* 4ª. Ed. São Paulo: WMF Martins Fontes, 2013.

STERN, D. N. *The motherhood constellation: A unified view of parent-infant psychotherapy.* London: Karnac, 1995.

WILKINSON, M. *Coming into mind: The mind-brain relationship* – A Jungian clinical perspective. London: Routledge, 2009.

WINNICOTT, D. W. *O brincar e a realidade.* Rio de Janeiro: Imago, 1975.

CAPÍTULO 3

# ESPELHO, ESPELHO MEU...

## (Como filhos de pais narcisistas são, ou não, refletidos)

CÁSSIA CARDOSO PIRES

Toda criança vem ao mundo como sonho de seus pais. Quando um homem e uma mulher descobrem que irão ser pais ou planejam ter filhos, sonham com um filho imaginário. Em algum lugar dentro de cada um deles, desejos e temores, planos e expectativas em relação a essa criança começam a se instalar.

Entre elas o sonho de que esse serzinho será a perfeição de si, que ele irá fazer e ter o que eles, pais, não tiveram e não foram; não irão cometer as mesmas falhas e erros cometidos pelos pais durante suas vidas. Serão os filhos que os pais queriam ter sido.

Um filho é um sonho de futuro, fazemos filhos justamente para nos prolongarmos e para que um dia eles possam continuar sem nós. Vemos neles a possibilidade de nos reinventarmos, de nos realizarmos através deles.

Porém, quando a criança nasce os pais são confrontados com o filho real, sempre diferente daquele de seus sonhos.

O conto de fadas mais conhecido do mundo, "A Branca de Neve" *(Grimm)*, começa com uma rainha desejando uma filha *"tão alva como a neve, tão rubra como o sangue e tão negra como a madeira da janela"*; pouco tempo depois a criança nasce, apesar de a aparência realmente ser a desejada pela mãe, não era a filha imaginária, tinha seu jeito de ser, não era perfeita, ninguém é.

Nesse momento, a mãe morre, literalmente no conto, e seu lugar é ocupado pela madrasta. Mas, simbolicamente, mãe-madrasta é a mesma pessoa, são duas faces da mesma moeda.

Podemos pensar que já nesse momento do encontro com a criança real, diferente da dos sonhos da mãe, ela não aguenta a frustração e se torna uma madrasta.

Os pais, muitas vezes, consideram os filhos como sua propriedade e extensão, e se relacionam com eles a partir desse lugar. Tentando controlá-los e encaixá-los no molde do filho imaginário, apoiando-se para isso na adoração incondicional dos filhos. Estes, por sua vez, farão de tudo para agradar os pais e atender suas expectativas, as conscientes e inconscientes, podendo, para isso, ir contra sua verdadeira essência.

As crianças sempre estão prontas para satisfazer seus pais e, assim, garantir a aprovação, proteção e amor por parte deles.

Os pais precisam perceber isso, e como adultos da relação, no mundo ideal, serem capazes de abrir mão de seus desejos e projeções narcísicas para ajudar seus filhos no desenvolvimento de suas almas, de seus seres, e isso pode significar se frustrar. Pois seus filhos podem querer outro caminho e ter planos diferentes do que eles, pais, planejaram.

Mas, quando os pais não conseguem ou não podem abrir mão de seus desejos e expectativas em relação aos filhos, quando seu narcisismo não permite ver o outro, não lhes permite abaixar a guarda e sair do controle, aí então temos problemas. São os chamados pais narcisistas, que podem ser definidos como alguém possessivo e que percebe a independência dos filhos como uma ameaça, muitas vezes obrigando-os a existir à sua sombra, com expectativas não razoáveis.

Em um relacionamento com pais narcisistas, a criança raramente é amada apenas por ser ela mesma.

O amor para eles é condicional, se me obedece e atende, "eu te amo", se os frustra, "eu te odeio". O amor é dado como uma recompensa condicional, e a retenção do amor é usada como ameaça e punição.

Alguns pais não aceitam ser contrariados, desafiados ou questionados; exigem ser atendidos de imediato, se não o forem, ficam altamente ofendidos e raivosos.

Nesses momentos, podem apresentar-se de forma agressiva, com castigos físicos e críticas severas, fazendo com que as crianças se sintam desvalorizadas, inadequadas e com baixo autoestima, tudo isso para provar sua autoridade e superioridade como pais.

Pais narcisistas costumam pensar em si mesmos como grandes pais, pais onipotentes. Chegando a doutrinar seus filhos desde muito pequenos a pensarem neles apenas de maneira positiva, como gigantes. Qualquer outro tipo de pensamento é considerado traição familiar.

Esses pais só conseguem ver as coisas à sua maneira ou o filho está com eles ou está contra eles. Se disserem algo que eles não querem ouvir, terão a sua ira.

Voltando ao conto da Branca de Neve, a rainha mãe-madrasta é um exemplo para esse tipo de pai/mãe; ela tinha um espelho mágico que só falava a verdade, e sempre dizia que ela era a mais bela de todo o país. Porém, um dia ele disse: *"Senhora rainha, sois muito linda, mas Branca de Neve é mais bela ainda".*

*"Então a rainha levou um susto, ficou amarela e verde de inveja... E a inveja e o orgulho cresciam como ervas daninhas no seu coração, cada vez mais, e ela não tinha mais paz nem sossego, nem de dia nem de noite... Então ela chamou o caçador e mandou matá-la...".*

Essa é a ira e a crueldade acionadas nos pais narcisistas, representados pela mãe-madrasta, ela não aguenta ser superada por sua filha-enteada e manda matá-la. Claro que estamos usando esse exemplo simbolicamente, a morte não será real fora do conto, mas simbólica, o filho não poderá se tornar quem ele realmente é.

Outra característica simbólica, é que o espelho que diz à rainha que ela foi superada, é algo de fora, e para esse tipo de pessoa, narcisista, a opinião dos outros a faz construir a própria imagem. Ela se identifica com a linguagem idealizada, a imagem real se perdeu, e é isso que é projetado na criança; "Sou especial e, portanto, meu filho é especial".

Para esses pais, a imagem é tudo, eles gostam de mostrar aos outros como ele e sua família são "especiais". Seu ***slogan*** para o mundo é "Não temos problemas, somos uma família perfeita".

As mensagens que passam para os filhos são "Não fale nada ao mundo exterior sobre o que se passa dentro de casa, diga sempre que tudo está bem"; "Coloque sempre um sorriso no rosto quando sair de casa".

Mas, por trás dessa personalidade rígida, que não pode ser contrariada, existe um ser humano frágil com sentimentos de inferioridade inconscientes, muita raiva e uma real indisponibilidade emocional de reconhecer o mal que causa aos filhos. Esses pais pensam não haver nada errado em agir assim. Acham que é a coisa certa a fazer quando falamos na criação de filhos.

Ser narcisista não é uma escolha, é uma característica de personalidade moldada por sua história de vida, por sua criação, pela forma como foram educados por seus pais, que também podem ter sido narcisistas.

Aqueles que crescem em um ambiente disfuncional com essas características tendem a se tornar adultos cheios de raiva não reconhecida, sentem-se vazios, inadequados e defeituosos, têm dificuldades nas relações afetivas, na satisfação com a vida. Sofrem de depressão e ansiedade periódicas e não têm nenhuma pista de como ficaram assim.

Na idade adulta, podem se tornar pessoas imaturas, com sérios problemas de autoestima, autorregulação emocional e de relacionamentos. Incapazes de dizer "não" ou entender que têm o direito de estabelecer limites, dizer o que querem, o que precisam e o que não toleram. Crescem sem saber discernir e confiar no que sentem. Adicionado ao medo do abandono e do desamor podem se tornar presas fáceis de abusadores emocionais.

Dificilmente conseguem satisfazer seus próprios desejos porque estão sempre buscando identificar e acalmar as necessidades dos outros. Pois, foram treinadas a vida inteira para isso e agora se sentem responsáveis pelo bem estar de todos. Especialistas em reconhecer o que os outros necessitam, são altamente intuitivos e empáticos, buscadores da verdade.

Trazendo novamente o conto da Branca de Neve para ilustrar, podemos observar através dessas três passagens descritas abaixo, as tentativas da mãe-madrasta de impedir o desenvolvimento de sua filha-enteada, e como a vai envenenando. A filha-enteada por sua vez, na sua fragilidade e vulnerabilidade infantil, não consegue perceber e se proteger do perigo vindo da mãe-madrasta, mesmo quando alertada, no conto, pelos anões. Na vida real esses alertas podem vir através de amigos e/ou terapeutas.

**Primeira passagem:** A rainha que acreditava que a Branca de Neve estava morta foi ao seu espelho e disse:

*"Espelho, espelho, fala e diz:*
*quem é a mais bela em todo o país?"*
*"O espelho respondeu:*
*"Senhora rainha, sois muito linda,*
*mas Branca de Neve, lá na casinha*
*dos sete bondosos anõezinhos*
*é muito e muito mais bela ainda."*

*Aí ela ficou assustada, porque sabia que o espelho não mentia, e percebeu que o caçador a enganara e que Branca de Neve continuava viva. E aí ela pensou em como acabar com a vida da menina; porque enquanto ela não fosse a mais bela de todo o reino, a inveja não lhe daria paz nem sossego.*

*Neste disfarce ela foi por cima das sete montanhas até a casa dos sete anões, bateu na porta e gritou...*

*Branca de Neve, que não desconfiava de nada, colocou-se na frente da mulher e deixou que ela lhe apertasse o corpete novo. Mas a velha apertou-o depressa, e apertou-o com tanta força, que Branca de Neve ficou sem respiração e caiu morta.*

*... os sete anões voltaram para casa... e quando viram que ela estava apertada demais no corpete, cortaram-no depressa."*

**Segunda passagem:** A mãe-madrasta volta com novo disfarce à casa dos sete anões e dessa vez, apesar de a Branca de Neve ter tido certa resistência, ter agido com mais reserva, ainda assim acabou seduzida e caiu na armadilha novamente.

*"A pobre Branca de Neve não pensou em nada e deixou a velha penteá-la. Mas nem bem ela pôs o pente nos seus cabelos, o veneno agiu e a moça caiu sem sentidos."*

**Terceira passagem:** A rainha foi ao seu espelho e disse:

*"Espelho, espelho, fala e diz:*
*quem é a mais bela em todo o país?"*
*"O espelho respondeu:*
*"Senhora rainha, sois muito linda,*
*mas Branca de Neve, lá na casinha*

*dos sete bondosos anõezinhos*
*é muito e muito mais bela ainda."*

*Quando ela ouviu a fala do espelho, tremeu de raiva e ódio.*
*- Branca de Neve tem de morrer! – gritou ela, – ainda que isto me custe a própria vida!*

E novamente bate à porta dos sete anões. Branca de Neve resiste por mais tempo, tenta ser durona e não se expor, mas de novo não conseguiu.

*"Branca de Neve olhou para a linda maçã, e quando viu que a camponesa comia dela, não conseguiu resistir mais, estendeu a mão e pegou a metade venenosa. Mas mal ela mordeu o primeiro bocado, caiu no chão, morta. A rainha examinou a mocinha com olhos cruéis, soltou uma gargalhada...*

*E quando em casa ela perguntou ao espelho:*

*"Espelho, espelho, fala e diz:*
*quem é a mais bela em todo o país?"*
*"O espelho respondeu:*

*"Senhora rainha, vós sois a mais bela."*

*E então seu invejoso coração sossegou, o quanto um coração invejoso pode sossegar."*

A maçã é símbolo do fruto do conhecimento, da magia e da revelação; ao estar envenenada, rouba da menina a consciência das coisas. Ela passa a "dormir", ela fica num estágio de inconsciência, de letargia, contudo, não passivo.

*"E Branca de Neve ficou muito, muito tempo naquele caixão, e não deteriorou, mas parecia estar dormindo".*

Guardada numa redoma de vidro, Branca de Neve amadurece interiormente. E como não se queimam etapas no desenvolvimento humano, as tentativas dos anões de ressuscitá-la são infrutíferas, ela tinha que passar por esse tempo de recolhimento em si mesma.

Algo que muitos filhos de pais narcisistas precisam, esse isolamento e distanciamento podem ajudá-los no seu processo de autodesenvolvimento, que é sempre sufocado pelos pais.

Porém, sempre é preciso ajuda nesse processo. No conto, essa ajuda é simbolizada por três animais, a coruja (que representa a passagem do conhecimento intuitivo para o racional), o corvo (revela esperança, crescimento interior, pelo isolamento), e a rolinha/pombinha (que representa a plena realização amorosa).

Branca de Neve alcança o desenvolvimento de sua personalidade e inicia um relacionamento com seu inconsciente, simbolizado pelo príncipe.

Essa ajuda na vida real muitas vezes vem de um terapeuta e sempre são os filhos a procurarem essa ajuda, pois os pais narcisistas, como já foi bastante explorado no texto, não se reconhecem com dificuldades, têm uma total falta de autoconsciência. Quando chegam a fazer psicoterapia são levados pelas dificuldades dos filhos. Então esse profissional precisa ser extremamente competente e experiente já que esse tipo de personalidade é muito difícil de ser trabalhada e de aderir ao tratamento.

Infelizmente, no conto, a mãe-madrasta não consegue demonstrar alegria e amor pela filha. Mantém sua atitude unilateral[1] permanecendo na inveja em relação a Branca de Neve.

*"E o príncipe mandou que seus servos o (caixão) levassem nos ombros". Aí aconteceu que eles tropeçaram numa raiz, e com a sacudidela, o pedaço de maçã envenenada que a Branca de Neve mordera saltou de sua garganta. Logo depois ela abriu os olhos, levantou a tampa do caixão, sentou-se e ficou viva de novo.*

*O príncipe falou, cheio de alegria:*

*- Eu te amo mais que tudo no mundo; vem comigo para o castelo do meu pai, para seres minha esposa.*

*E Branca de Neve ficou feliz e foi com ele, e o seu casamento foi celebrado com grande pompa e riqueza.*

*Mas para a festa também foi convidada a malvada madrasta de Branca de Neve. E assim que ela se vestiu com seus lindos trajes, foi para o espelho e disse:*

*"Espelho, espelho, fala e diz:*

*quem é a mais bela em todo o país?"*

*"O espelho respondeu:*

*"Senhora rainha, sois muito linda,*

*Mas a jovem rainha é muito mais bela ainda."*

*Então a malvada mulher soltou uma praga, e ficou com*

---

1. Unilateral - é definido como algo que está situado de um só lado, algo que se inclina para um só lado. Um indivíduo que tem atitude unilateral é aquele que leva em conta apenas um dos lados, é um indivíduo parcial.

*tanto medo que não conseguia se conter. Primeiro ela não quis ir à festa de casamento; mas ela não tinha sossego, teve de ir para ver a jovem rainha. E quando ela entrou no salão, reconheceu Branca de Neve, e de susto e medo, ficou lá parada sem poder se mover."*

Tristemente, a rainha mãe-madrasta encontrou o destino de todo aquele que mantém uma atitude unilateral, que é a morte. Muitas vezes simbolizada pelo isolamento e solidão que passam a viver os pais narcisistas, pois infelizmente os filhos se afastam para conseguirem continuar seu desenvolvimento.

Por isso, minha intenção com esse texto, é tocar os pais narcisistas, por mais difícil que pareça ser, e tentar mudar o final dessa história.

Talvez o caminho possa ser através do amor dos filhos e dos companheiros num primeiro momento. E depois um psicólogo que irá ajudá-los a sair da unilateralidade e viverem integralmente o seu ser, e assim deixar que os que estão à sua volta também o façam.

## REFERÊNCIAS BIBLIOGRÁFICAS

BONAVENTURE, J. *O que conta o conto?* São Paulo: Paulus, 1992.

GRIMM, J., GRIMM, W. *Branca de Neve.* 4. Ed. Porto Alegre: Kuarup, 1988.

LOWEN, A. *Narcisismo: negação do verdadeiro Self.* São Paulo: Cultrix, 1983.

MILLER, A. *A revolta do corpo.* São Paulo: WMF, 2011.

## CAPÍTULO 4

# COMO OS PAIS PODEM INFLUENCIAR POSITIVAMENTE O DESENVOLVIMENTO DE SEUS FILHOS?

BEATRIZ VERO

*Tudo aquilo que quisermos mudar nas crianças, devemos primeiro examinar se não é algo que é melhor mudar em nós mesmos* (JUNG).

Qual pai não empenharia o máximo de esforço para garantir que seu filho tenha as condições máximas possíveis para se tornar um indivíduo feliz? Qual mãe não mediria esforços para proteger seu filho dos perigos mais evidentes da vida? Poderíamos acrescentar uma série de perguntas nessa linha e ainda assim talvez faltassem alguns argumentos.

Isso porque é sabido que existe uma infinidade de expectativas dos pais em relação à formação de seus filhos, algo que não raro gera muito esforço e nem sempre os melhores resultados. Mas é justamente nesse ponto que reside o maior desafio. A busca pela educação perfeita pode camuflar uma série de comportamentos inconscientes por parte dos pais, que acabam por prejudicar a formação e o desenvolvimento da personalidade de seus filhos.

Essa abordagem é tão vasta e complexa que não pretendo aqui, em um único artigo, esgotar o assunto. Longe disso. Na verdade, a intenção é apresentar alguns aspectos relacionados ao tema, que levem a uma reflexão do quão importante são as atitudes conscientes e inconscientes dos pais sobre a formação psíquica e emocional de seus filhos.

Não tenho a intenção de apresentar teorias, mas sim provocar algumas reflexões que possam contribuir para um melhor entendimento dessa intrínseca relação entre pais e filhos, resgatando principalmente o que Carl G. Jung ressaltou brilhantemente em seu livro "O Desenvolvimento da Personalidade", principalmente no que diz respeito às influências dos conteúdos inconscientes dos pais.

Para isso vou passar rapidamente por uma breve explanação sobre como a psicologia analítica de Jung entende a alma humana. Esse conhecimento é uma das maiores conquistas da psicologia analítica e é por aí que devemos começar, mas não diretamente avaliando a alma infantil em especial e sim a própria estrutura da alma humana.

A alma humana não é somente composta de fenômenos conscientes (tudo o que sabemos sobre nós e sobre o mundo), mas principalmente e também de fenômenos inconscientes (tudo que desconhecemos e também o que soubemos em algum momento, mas esquecemos, negamos, reprimimos, o que não percebemos). Esse entendimento é fundamental para compreender a relação entre esses dois aspectos, consciente e inconsciente e como eles estão presentes na alma infantil.

É na criança, ao longo dos primeiros anos de vida, que se inicia o desenvolvimento da consciência, intercalado com períodos de inconsciência. Deste modo emerge a consciência a partir do inconsciente. Pela formação e educação da criança os pais assumem papel fundamental nesse processo. As mudanças começam a acontecer logo que a criança passa a desenvolver a consciência do próprio "eu".

Esse processo de aquisição de consciência acontece desde o nascimento e vai permanecer em desenvolvimento até o final da vida. A partir do nascimento, a criança vai adquirindo cada vez mais consciência do mundo e de si, enquanto vai crescendo, vivenciando suas experiências e ganhando uma relativa independência no decorrer de seu desenvolvimento, mesmo que mantenha uma dependência psicológica de seus pais/cuidadores.

Cientes da formação da alma humana e de nossos conteúdos inconscientes, também temos que tratar de outras heranças apontadas por Jung e posteriormente avaliadas por meio de vários estudos. Esse conhecimento aponta que a criança nasce com um tipo de biologia individual, isto é, uma estrutura cerebral e psicológica específica dela, decorrentes de sua concepção e formação intrauterina; e uma carga genética, composta por tendências específicas herdadas e que serão ou não ativadas posteriormente.

Sabemos ainda que seu desenvolvimento cerebral e psicológico (psíquico) depende dessas primeiras relações de vida com os seus cuidadores, em geral seus pais. Essas experiências são tão importantes que podem trazer um "tom" para seu desenvolvimento e refletir, para o resto de sua vida, em seus comportamentos, emoções e sentimentos.

Portanto, a criança depende extremamente de uma boa interação com seus pais para ter um desenvolvimento adequado como ser humano. A condição psíquica de seus pais vai exercer uma enorme influência nesse processo, tanto benéficas quanto prejudiciais. Por isso, a importância de estarmos atentos a essa interação complexa e crucial para o desenvolvimento das crianças.

Neste sentido, creia, o que vale mais não são palavras sábias, mas atitudes, exemplos e, o mais difícil de percebermos, nossos conteúdos inconscientes ou seja, o que não sabemos sobre nós mesmos, como ressalta Jung.

A expressão corriqueira "os filhos são o espelho dos pais" não é de todo infundada. Mas é certo também que a questão não está resolvida se os pais decidem viver apenas de acordo com costumes e leis estabelecidas pelo coletivo/ sociedade e não se atentam em seu mundo interior, sua alma, e, portanto, ignoram suas verdades.

Sem dúvida nenhuma, na formação psíquica da criança também atuam influências do meio em que vivem. Conforme vão crescendo, mais relações estabelecem com o mundo e pessoas ao seu redor, aumentando cada vez mais seu repertório de referências e experiências, as quais também vão ter uma grande importância em seu desenvolvimento. Vale ressaltar que cada criança tem seu "estilo de ser", o qual será mais uma variável que vai influenciar todo esse processo. Por exemplo, algumas crianças podem ser mais ativas na busca do que precisam e outras mais passivas.

Entretanto, apesar de todas essas influências fazerem parte desse processo complexo do desenvolvimento da criança, devemos dar maior atenção aos conteúdos inconscientes dos pais e/ou cuidadores sobre as crianças, como atenta C.G. Jung. Quando estamos nessa função, uma cadeia complexa de interações de conteúdos inconscientes e conscientes acontecem.

Quando um bebê nasce ou mesmo durante a gravidez, entramos em contato com nosso lado instintivo da maternidade/paternidade. Depois, enquanto estamos desempenhando o papel de pais, se somam ao lado instintivo, muitas vezes sem consciência, nossas experiências enquanto filhos de nossos pais. Várias pessoas têm dificuldade em exercer seu papel de pais por estarem aprisionadas na posição de filhos de seus próprios pais.

Dentro dessas experiências se encontram em nossos sistemas de referência o modelo de pais que tivemos e como experimentamos essas relações enquanto filhos. Muitas das atitudes e modos como cuidamos de nossos filhos estão regidas ou influenciadas por essas referências sem percebermos, isto é, de forma inconsciente.

Outro fator importante que definirá nossa condição psíquica no momento em que estamos desempenhando nosso papel como pais é como estamos vivendo nossa vida atual. E aí a situação não é menos complexa, pois estão envolvidas inúmeras variáveis, desde o estado emocional do momento, o que implica em realizações ou não realizações na vida pessoal de cada pai/mãe, insatisfações, sucessos, fracassos; até o relacionamento conjugal, que traz enorme impacto no estado emocional dos pais.

O que não estamos realizando em nossa vida pode ficar como herança para nossos filhos enquanto expectativa, algumas conscientes e outras inconscientes, e também pode transformar-se em aspecto fundamental. Essa herança pode não ser o propósito de vida daquela criança e se for atribuída a ela essa missão, pode desviá-la de seu caminho verdadeiro de desenvolvimento.

Podemos ver que aquilo que C. G. Jung ressaltou em 1927, em seu prefácio ao livro da autora Francis Wickes, ainda é atual nos dias de hoje, pois essas interferências inconscientes não são poucas nem de pequena intensidade. Para ele, as reações mais fortes sobre as crianças não provêm apenas e tão somente do meio em que vivem, da herança genética nem do estado consciente dos pais, mas de seus conteúdos inconscientes.

**Mas como os pais podem proteger as crianças contra os efeitos provenientes de si próprios?**

Com toda essa reflexão podemos pensar que a vida que os pais levam e como estão sendo responsáveis pelo seu próprio desenvolvimento pessoal são de extrema importância para o desenvolvimento de seus filhos. A responsabilidade dos pais se estende até onde eles têm o poder de ordenar a própria vida, de tal maneira que ela não represente nenhum dano para os filhos.

Em geral, se acentua muito pouco quão importante é para os filhos a vida que os pais levam, ficando esse aspecto negligenciado em detrimento de outros. É muito importante que os pais saibam o quanto é valioso cuidarem de seu próprio desenvolvimento, prestando atenção em si mesmos e como isso se torna essencial para a saúde psíquica de seus filhos.

Portanto, se queremos ajudar nossos filhos a se desenvolverem, além de nos preocuparmos com a saúde deles, do que eles precisam do ponto de vista material e intelectual, os modelos de comportamento, também devemos nos preocupar em viver da forma mais verdadeira possível em termos de autorrealizações, além de manter um relacionamento ético com o nosso íntimo mais profundo.

Dito assim pode parecer fácil, mas na verdade não é. Eu diria que esse é um dos grandes desafios dos pais no exercício de sua tarefa de educar os filhos. Mas o primeiro passo é justamente a reflexão e o entendimento do quanto a condição emocional dos pais e a maneira como lidam com seus próprios desafios faz a diferença no relacionamento com seus filhos.

É muito comum, no dia a dia clínico, nos depararmos com situações em que episódios ou conteúdos mal resolvidos dos pais em determinadas épocas acabam por se refletir e até mesmo se repetir nas gerações seguintes. A não realização de determinadas expectativas de vida ou mesmo frustrações e insatisfações acumuladas acabam, muitas vezes, se refletindo em questões muito semelhantes transmitidas na vida dos filhos.

Na prática clínica temos também exemplos de outras atitudes inconscientes dos pais como os que não conseguem ver as dificuldades dos próprios filhos e acabam os endeusando, tornando-os tiranos e manipuladores da dinâmica da casa. Em outra situação, pais querem ter uma família perfeita negando os problemas e conflitos e acham que conseguem excluir os problemas, deixando-os fora de sua família. No entanto, o que vemos é que situações não resolvidas e segredos familiares tendem a se repetir nas gerações seguintes ou seja, na vida de nossos filhos. Enfim, são exemplos de pais que cuidam muito dos filhos, mas negligenciam pequenas coisas sem perceber.

Por todos esses aspectos, não se deve subestimar a importância da função dos pais/cuidadores no desenvolvimento da personalidade de seus filhos. São conhecidos os danos graves, que muitas vezes perduram a vida inteira, acusados por uma educação inadequada, tanto em casa quanto na escola. Todo o nosso problema educacional tem orientação falha, vê apenas a criança que deve ser educada e deixa de considerar a carência do educador, que é outro fator importante nesse processo, pois é mais um adulto/cuidador que está em contato com as crianças e adolescentes, e influenciando o seu desenvolvimento.

No adulto está oculta uma criança eterna, pois todo adulto tem uma criança dentro de si que representa algo ainda em formação e que jamais estará terminado. Algo que precisará de cuidado permanente. O adulto não pode corrigir na criança os erros que ainda continua a cometer. As crianças não são tolas como supomos. Percebem o que é verdadeiro e o que não é. O que quisermos mudar nas crianças devemos avaliar se não é algo que devemos mudar em nós mesmos.

Os pais costumam impor aos filhos o que eles consideram "o melhor de si" e viver exclusivamente para eles. Os filhos tendem a ser estimulados a ser e realizar as coisas que os pais jamais conseguiram. Enfim, não existem respostas prontas para os desafios educacionais na infância, mas certamente o entendimento desses fatos e a busca de um maior nível de atenção por parte dos pais das atitudes inconscientes que por ventura estejam assumindo representam, por si só, um caminho seguro na busca de uma educação mais saudável e consciente.

## REFERÊNCIAS BIBLIOGRÁFICAS

ARAÚJO, C. A. de. *Pais que educam: uma aventura inesquecível.* São Paulo: Gente, 2005.

JUNG, C.G. *O desenvolvimento da Personalidade.* (O.C.) Petrópolis: Vozes, 1991.

SIEGEL, D. *O cérebro da criança.* Nversos, 2015.

STERN, D. *A constelação da maternidade.* Porto Alegre: Artes Médicas, 1997.

CAPÍTULO 5

# TIPOS PSICOLÓGICOS EM CRIANÇAS

MÁRCIA BAPTISTA

Meu querido compadre sempre dizia uma frase que me faz rir até hoje: por que as crianças não vêm com manual de instrução nem com botãozinho de on e off?

O cenário dessa pergunta nos remete ao dia a dia quando esgotamos nossas possibilidades de entender e atender nossos filhos. E quando não conseguimos decifrar qual a atenção que a criança necessita? Aquele choro sem explicação plausível, aquela birra que não passa, uma teimosia sem fim. Quem não se angustia e até mesmo se descontrola a ponto de se sentir desorientado e inseguro diante de uma criança que não conseguimos acalmar?

Uma vez escutei um pedido de uma mãe que resume bem essa aflição: - preciso saber o que está acontecendo com minha filha! A filha de 6 anos que parecia muito entusiasmada com a ideia de ter um irmão, e passou a ter reações intensas e contraditórias. Após o nascimento do bebê, a menina ora agia carinhosamente ajudando a cuidar do irmão ora dizia odiar o bebê, e sentir um ciúme doentio e se fechava toda. A mãe, na tentativa de não piorar os ciúmes, atendia a toda demanda de atenção da filha, que parecia nunca estar satisfeita. Os pais não sabiam como lidar com esse comportamento da filha que tanto oscilava e estava ficando mais intenso a cada dia. Eles percebiam que a menina estava sofrendo, mas não sabiam como ajudá-la e tinham medo de causar um trauma ainda maior se fossem firmes com ela.

Pais desejam oferecer cuidado e proteção em momentos de perigo e dor, e proporcionar uma base segura para as crianças explorarem o mundo.

A ideia de um manual de instrução pode parecer que queremos compreender uma criança como se ela fosse uma máquina, algo mecânico que com um click adequado funciona sem problemas. Claro que não, mas talvez possamos pensar num mapa da alma, da psique da criança, para conhecermos melhor as diferentes formas de ser, de agir, de reagir das crianças.

É possível identificar essas formas básicas e é inquestionável a importância dos pais no desenvolvimento saudável da criança. Ao compreendermos melhor certos comportamentos poderemos identificar qual é a real necessidade da criança, o que ela precisa de fato para que nossas atitudes sejam efetivas e promovam a maturidade psicológica. Isso envolve aprender a lidar com as emoções, se auto acalmar e assim controlar os impulsos. Além disso, precisamos discriminar no convívio diário o que está ao nosso alcance estimular e o que não podemos permitir/admitir no comportamento dos filhos, diante da necessidade imperativa dos limites para a segurança da criança.

A escolha do tema deste capítulo tem a ver com o entusiasmo que aprendi com as crianças sobre a importância da questão dos tipos psicológicos na infância. E também como as recentes descobertas da neurobiologia estão relacionadas a essa questão.

Provavelmente você já deve ter ouvido falar em tipos psicológicos, mesmo porque os conceitos dessa teoria são bem conhecidos: introversão, extroversão, sentimento, pensamento, sensação e intuição.

O aspecto mais conhecido dessa teoria é o de saber identificar qual o *tipo* das pessoas e aprender a lidar com suas peculiaridades típicas. Você sabe qual é o seu tipo psicológico?

Verdade, conhecer o tipo psicológico facilita a relação com o outro, seja no trabalho, na vida conjugal, e entre os amigos. Muitos dos conflitos interpessoais acontecem por diferenças tipológicas entre as pessoas que, por não sabermos como lidar com elas, causam sofrimento e nos afastam daqueles que amamos. Há uma vasta e interessante literatura sobre isso e você pode conferir!

O convite aqui é diferente; ao longo dos anos atendendo crianças e suas famílias, além de outros profissionais envolvidos na vida da criança, observei que ter um tipo psicológico definido na infância pode ser o motivo pelo qual os pais trazem os filhos para psicoterapia.

Um pouco de teoria na prática:

Desde muito cedo existe uma tendência inata de sermos mais introvertidos ou extrovertidos. Você se identifica mais com qual delas?

As pesquisas da neurobiologia hoje sabem que ser extrovertido ou introvertido está inscrito no cérebro no início da vida do bebê. Mas, nem por isso, devemos apenas reforçar aquilo que é preferencial. Os estudos apontam que um ambiente rico e diversificado é o que vai fazer com que uma criança desenvolva melhor suas potencialidades desde cedo.

A alternância entre atitudes extrovertidas e introvertidas proporciona à criança um repertório mais amplo da maneira de se comportar. As duas atitudes psicológicas são importantes para o processo adaptativo externo e interno. Uma das maiores fontes de segurança que uma criança pode ter, além de ser amada pelos pais, é sentir que sua singularidade, sua forma de ser, sua individualidade recebe o olhar de aprovação e respeito por parte dos pais.

No tocante à atitude introvertida, por exemplo, percebo que, independentemente de sua própria tipologia, os pais tendem a olhar com reservas quando um filho apresenta este tipo de atitude, a ponto disso se configurar como queixa ligada a questões de sociabilidade e adaptação.

As dúvidas são pertinentes: Como será a adaptação dessa criança? Será que ela vai ter sucesso nas relações sendo tão reservada? Como vai fazer amigos sendo tão quietinha? Como lidar quando a criança demora para se soltar e se divertir nas festas? Cantar parabéns na frente de todos pode ser assustador e fazer com que um choro desmedido a deixe fora da festa e muito envergonhada de sua atitude. Quem não quer filhos educados e que sejam cordiais com os outros? Há um meio termo para que todos saiam felizes nesses casos. Ao invés de fazer uma festa com todos os alunos da sala, mais os adultos, porque não chamar só os mais próximos para uma festa do pijama? Pode ser bem mais confortável para todos uma comemoração mais intimista. O contexto cultural parece servir de fundo a essa questão, bem como as influências ambientais para a formação da personalidade da criança. É possível que o olhar discriminatório para o introvertido se forme em razão da extroversão ser predominante na nossa cultura. Criança introvertida também é feliz? Claro que sim!

Vale preparar essa criança para o evento em questão tentando levantar os pontos que ela se sentiria desconfortável, insegura. E também propiciar um ambiente que escute com atenção seus receios, sem críticas. Assim como estimular para que ela se expresse livremente sobre como se sente e que alternativas teria para se sentir mais à vontade.

Por exemplo: as viagens da escola ou passeio com os amigos nem sempre são convites aceitos de imediato. Fica aquela dúvida se vai ou não, uma hora se anima depois desiste. Usar a imaginação pode ser uma boa estratégia. Podemos ajudar a criança a antecipar o que vai acontecer e como ela acha que reagiria se estivesse na situação. Um tipo de ensaio. Aproveite a incrível capacidade da imaginação do seu filho dando margem a ela. Como numa estória ou mesmo desenhando o cenário, os personagens e tudo mais que possa compor uma imagem daquilo que é mais difícil. Enriqueça com detalhes. Dê asas à imaginação. Aos poucos a criança vai percebendo melhor o ambiente e vai podendo vislumbrar a si mesma interagindo com o desconhecido. É como se a gente pudesse ligar o botãozinho do "on" preparando para a ação. Criança precisa brincar e imaginar. Isso pode ser um caminho bem divertido e leve de respeitar o tempo de reação de uma criança introvertida e assim ajudá-la a se relacionar mais tranquilamente. Mas, uma coisa não exclui a outra. Vamos experimentar um esporte ou atividade coletiva? Aula de dança ou de teatro, eles amam! Diria que aparecem talentos. E temos os games para as horas de brincadeiras mais calmas. Os games são fantásticos para enriquecer as tais sinapses, potencializam o bom funcionamento do cérebro e não fazem mal à saúde, se em moderação obviamente. E para os pais os games podem servir como porta de entrada para você conhecer melhor como seu filho é, seus gostos, seus dons, seus heróis preferidos e até seus medos. Quem não gosta de saber o que se passa na cabecinha das crianças com suas tiradas maravilhosas?

E agora vamos ao tipo oposto, aquela criança em que sentimos falta do botão do off!

Essa é bem fácil de identificar.

É particularmente interessante observar a questão de crianças extrovertidas. Dispostas, ativas e responsivas a todo e qualquer estímulo ambiental. São exuberantes, sociáveis, risonhas, aventureiras, conversadeiras.

Essa atitude típica raramente é apontada como o problema nas queixas que recebo em meu consultório. E é. Muitas vezes o uso indiscriminado e intenso precisa ser ajustado pelo excesso. Sério mesmo, bastaria propiciar mais momentos de introversão e não teríamos queixas que mais parecem de crianças hiperativas e impulsivas.

Na correria do século 21, também precisamos sentar no sofá e relaxar, e de momentos de sossego. Menos quantidade de informação, menos interação e mais introversão. Muitas vezes procuramos compensar os excessos ou deveríamos, quem duvida? Não é possível jogar futebol à noite com o pai que chegou morto em casa. Nem mãe aguenta ter que dançar com a filha na hora do jantar. Ler um conto de fadas, assistir seu desenho favorito sozinha, montar um quebra-cabeça desenhar na sua mesa com seus lápis mágicos. São possibilidades de experimentar os benefícios que o contato com a introversão, com o mundo subjetivo promove ampliando os recursos conscientes. Como se tivéssemos uma caixa de ferramentas e algumas usássemos tão pouco que elas acabam por enferrujar e nos esquecemos de sua utilidade.

No processo adaptativo a criança extrovertida mostra-se talentosa e obtém êxito social, o que nem sempre ocorre em relação a si mesma devido aos sofrimentos que vivencia ao privilegiar as demandas externas, em detrimento de sua subjetividade. Parece estranho dizer isso, mas veja bem: temos que ouvir nossas vozes internas além das vozes da cultura onde vivemos. Temos a tarefa vida a fora de ser como realmente somos e viver bem com a sociedade, claro, né?

Certamente é possível que, com as descrições desses dois tipos, já possamos imaginar que os excessos e extremos de uma atitude ou da outra não são saudáveis para o processo de desenvolvimento. A ideia é termos crianças com recursos diversos para a adaptação ao ambiente e também com segurança na sua própria forma de ser individual.

E seu filho, você já identificou qual é sua maior tendência?

Por isso a teoria dos tipos psicológicos pode ser um jeito fácil para entendermos melhor nossas crianças.

Você já reparou que o número 4 está sempre representado como algo que nos remete a uma imagem de totalidade? São as nossas ideias baseadas no número 4. Uma mesa e quatro cadeiras, um casal e dois filhos, os 4 pontos cardeais, os 4 elementos da natureza, o símbolo do redondo, as mandalas e assim por diante. E assim Jung descreveu 4 funções psicológicas que todos temos, como seres humanos que somos. Pensar, sentir, ter sensações e intuições representam formas de apreender a realidade que, juntas, possibilitam uma visão do todo.

Ao tomar uma taça de vinho, o pensamento diz o que aquilo é, identifica como bebida. A cor, o sabor, a textura, o aroma, o teor alcóolico, a temperatura são informações dadas pela sensação. É a função da realidade das coisas, do presente, do aqui e agora. A toda sensação corresponde uma apreciação, se gostamos ou não e se algo é importante ou não para nós. Para os apreciadores o vinho traz um sentimento de prazer. E também ativa nossas imagens e lembranças captadas pela nossa intuição que opera com as possibilidades, e aponta para o futuro. Ao utilizarmos as quatro funções nossa apreensão certamente será mais completa.

Mas claro que nem sempre conseguimos usar as quatro ao mesmo tempo. Uma ou duas delas são as mais habituais e, portanto, mais adaptativas, porém é evidente a importância de desenvolvermos essas quatro formas habituais de se tomar decisões e de superar dificuldades, usando instintivamente nosso melhor recurso. Vale a mesma consideração acima. Nada de excessos ou extremos novamente. Conhece-te a ti mesmo e tudo em moderação!

Continuando o mapa que estamos desenhando vamos para a parte mais reveladora da psique da criança. O que será que ela faz com mais naturalidade, com mais desenvoltura e com razoável talento? Qual das quatro funções ela mais utiliza no seu dia a dia? Tendemos a usar nosso melhor recurso para resolver os problemas e tomar decisões.

Podemos também considerar que muitas vezes o que mais nos chama a atenção é a função mais imatura, menos dilapidada, e, portanto, muito barulhenta e pouco produtiva para chegar a um objetivo. Além de nos fazer perder a paciência aparece um sentimento muito negativo em relação a nós mesmos.

Sabe aquela criança que fica chatinha e não quer comer nem dormir nem nada e só chora? Pode ser que ela não esteja percebendo seu estado corporal.

Acontece muito de as crianças chegarem em casa sem perceber que estão cansadas pela agenda lotada. Nem se ligam no corpo. A sensação é algo imprescindível para conhecermos o mundo real. Tudo passa pelo corpo, pelos órgãos dos sentidos: o paladar, a visão, olfato, olhos, audição. Sabemos que o primeiro mundo da criança é o corpo. Como é isso na prática ou seja, como fazer no dia a dia com as crianças para estimular a perceberem bem o seu próprio corpo? Isso traz segurança para a criança pequena, principalmente. Um corpo saudável e com energia é fundamental para o bom fluir do desenvolvimento. E eles adoram tudo relacionado a corpo, mas com a pressa acabamos por insistir para levar o casaco. Se ela puser o bracinho para fora da janela saberá se está frio ou calor. Dá mais trabalho, mas rende mais. "Pergunta para sua barriguinha se cabe outro copo grande de suco?" Nós precisamos estar conectados ao corpo sempre para o bem e para mal. Dor de cabeça é a mente avisando o corpo. A criança que sabe dizer onde dói e quanto dói nos ajuda a melhor cuidar da saúde. O tato também é importante como fonte de informação daquilo que é agradável ao corpo ou não. Ninguém gosta de sentar no formigueiro ou pôr a mão no espinho. Minha mãe conta que enquanto não dei uma lambida num sabonete e num limão não dei sossego. Ela poupou muitos nãos depois que aprendi na prática. Hoje fala-se muito em degustar e lá vamos nós fazer isso com nossas crianças. O paladar também pode ser desenvolvido, não falta imaginação nem novidades. Que alimentos ela não gosta e nunca comeu? Cozinhe com eles, qualquer coisa, de churrasco a brigadeiro. São tantas as impressões que o nosso paladar proporciona além do sabor, tem a textura, a consistência, enfim várias sensações que precisam ser discriminadas e diferenciadas. Se o paladar é tão cheio de nuances imagine o olfato! A toda sensação do corpo temos uma apreciação se aquilo é desagradável ou não, se gostamos do que "sensamos" ou não. Como aquelas comidas que tem gosto de infância. Esse sentido aparece tão cedo na experiência da criança que sabemos que um bebê reconhece além do cheiro da mãe o aroma do leite dela, preferindo este dentre outros. Incrivelmente seletivo.

Estou fascinada com as descobertas sobre o desenvolvimento do cérebro do bebê na relação com o cuidador. As relações do cuidador com seu bebê envolvem a importância do olhar nos olhos da dupla. E isso vale para a vida toda. Olhar nos olhos é sempre a forma mais confiável de se relacionar com uma criança. Os olhos são as janelas da alma, sempre. Acho interessante como as crianças resistem a olhar nos olhos quando levam bronca. Fazem de conta que são surdos, às vezes, mas fazemos e falamos tanta coisa ao mesmo tempo que nem dá para parar e focar em só uma coisa. Precisamos apurar nossa escuta. A visão é uma outra forma da sensação igualmente importante para conhecermos o mundo. Nosso corpo nos informa sobre algo conhecido ou não. Ele traz dados da realidade objetiva. Fundamental termos consciência de como estão funcionando nossos órgãos dos sentidos. Os bebês precisam de que façamos isso por eles e com eles até os 2 anos, depois a criança já deve saber se tem fome ou sede, por exemplo. O mais óbvio às vezes passa despercebido. E ser for uma criança mais intuitiva então nem se fala. São as crianças mais imaginativas e mais simbólicas, para usar uma linguagem psicológica. Dizem que estão no mundo da lua, mas são como antenas parabólicas ou algo mais moderno. Captam até quando os pais vão sair e resolvem aprontar naquele dia especial. Contam muitas estórias e acreditam em tudo que seja mais irracional por assim dizer. Calendário, agenda, horários e senso prático não são valores importantes para esse tipo psicológico. Encantam pela criatividade à flor da pele e riqueza de imagens. Nas escolas nem sempre podem ser contempladas pelos métodos mais rígidos e pouco artísticos. "Você não acha que se o bem sempre ganha do mal como meu pai diz, ele é do mal porque faz mal ao bem???" Nunca esqueci essa dúvida impressionante da intuição de um menino de 8 anos.

Além das funções sensação e intuição que compõem a dupla irracional, percebendo e captando informações, temos o eixo racional. O pensamento e o sentimento como atributos essenciais da nossa consciência para conhecer o mundo.

Pensar e sentir são igualmente funções da consciência humana e ambas são fundamentais para decisões sobre o que fazer. Pensar é formar ideias e conceitos sobre o mundo e sobre as pessoas. Você está lendo porque a leitura tem um significado. Pensar pode até não ser muito conclusivo, mas tem horas que precisamos entender o que está acontecendo, principalmente quando nos deparamos com algo desconhecido. Criança pensa e muito e sem hora marcada elas nos contam o que estão pensando. "Por que as pessoas morrem? Para onde elas vão? O quer dizer sexo? Por que a minha amiga não me convidou para a festa dela"?

Os pensadores mirins são os mais desafiadores para mim. "Por que os adultos sempre dizem só um minutinho se eles demoram muito mais que que 5 minutos para vir quando eu peço algo?" Imagine como essas crianças processam de modo bem lógico uma informação que a gente nem dimensiona? Na escola costumam ir muito bem e fazer com tranquilidade tarefas e atividades escolares. Podem ser um tanto questionadores e cheios dos porquês, mas nada como uma boa explicação para consentir conosco. Aliás, têm muitos argumentos para provar que tem razão. Tiro o chapéu para eles!

A função sentimento: Sem ela as relações não dão muito certo. Os sentimentos são a base da experiência humana. Mas isso todo mundo sabe.

Lidar bem com os sentimentos é saber identificá-los em primeiro lugar. E as crianças sentimentais, sensíveis fazem de um tudo para que o mundo seja um lugar melhor de viver e conviver. "A raiva a gente põe para fora, briga, bate, xinga, mas a tristeza não tem jeito. A gente tem que ficar com ela." Dá para acreditar que essa brilhante colocação seja de uma criança?

Vamos escrever juntos essa receita, vou precisar dos seus sentimentos presentes na mente para que possamos juntos compreender seu filho. Quer coisa melhor? Saber que sabe o que seu filho experimenta diante da vida. Que sentimentos seu filho sabe nomear? Os pais podem ajudar e muito se conseguem intuir o que o filho pode estar sentindo. Esse é um tipo de conversa que pode fazer milagres, pois é difícil mesmo como reconhecer os estados emocionais de uma criança. Mas dá para perguntar: "Eu acho que você está com medo de ir na roda gigante ou parece que você ficou triste com seu amigo e ficou com raiva dele não ter te emprestado o brinquedo". Coisas bem cotidianas e que se forem compreendidas via sentimento ajudam a criança tomar decisões mais racionais e afetivas. Se sei o que estou sentindo, se sinto direito sem excessos e barulheira, sou capaz de escolher melhor. Criança que sabe qual é o seu brinquedo favorito é sempre mais feliz. E nos deixa bem em paz também, não é?

E quando a criança experimenta sentimentos não muito nobres, por assim dizer? Raiva dos pais, ciúmes dos irmãos, inveja dos amigos? Essa é questão desafiadora, pois nem sempre conseguimos acreditar que faz bem à criança identificar qualquer sentimento mesmo que ele seja destrutivo ou mórbido até. Como assim, né? Desde muito cedo o cérebro escolhe caminhos a seguir em função dos sentimentos que sinalizam se a opção é ruim ou agradável. É a tal inteligência emocional tão apontada no século passado, lembra? É bem melhor que seu filho reconheça que tem raiva de um amigo do que sair batendo em tudo e todos. Você pode ajudar legitimando o sentimento da raiva:

"- Entendo que você esteja com raiva, mas o que pode fazer com ela e resolver bem o caso? Acha que sair gritando ajuda? Contou para o amigo que está com raiva dele?" Boas conversas assim dão muito certo. Elas são o melhor exemplo de como a função sentimento dos pais pode ajudar uma criança a aprender a lidar bem com suas emoções e do bem suceder das relações interpessoais ao longo da vida.

Será que faz bem deixar uma criança expressar os sentimentos? Sim, isso vai ajudar a criança a regular suas emoções, pois ao expressar um sentimento poderemos verificar se a intensidade é adequada ou se está exagerada. "Entendi como se sente, mas calma, estou aqui com você." Compartilhar sentimentos ajuda a amenizar as visões negativas e ampliar as positivas. Ajuda a criança a tolerar essas emoções internamente e desenvolver senso de intimidade com os cuidadores. Uma garotinha muito esperta me disse certa vez: - Eu odeio meu irmão, queria que ele morresse, mas tem horas que eu amo ele tanto!? Sentimentos opostos, intensos, desproporcionais e misturados com outros (tristeza, medo, insegurança) assim deixam qualquer um confuso e a resposta não é adaptativa antes de tudo. Quando a gente sabe o que o filho está sentindo saberemos orientá-lo na busca dos valores que acreditamos e queremos, como é nossa função, viver a vida em sociedade. A individualidade de cada criança e a certeza de que ela tem uma mente que é diferente da nossa assegura um bom caminho de desenvolvimento. Mesmo que um filho seja diferente tipologicamente do pai e ou da mãe, compreendê-lo e aceitar sua forma de ser é fator de proteção para a resiliência! Muitos dos problemas que imaginamos ter no manejo da educação com os filhos podem ser suavizados estimulando as duas atitudes e as quatro funções psicológicas. E também pode ser estimulante para a nossa mente promovendo novas sinapses e muitas emoções.

Hoje a neurociência nos deixa muito mais aliviados porque a tristeza, a raiva, a culpa, a vergonha, a inveja, enfim todos os nossos sentimentos humanos, por assim dizer, não são danosos para o cérebro da criança se regulados, mediados pelo ambiente. Não precisamos ser perfeitos, precisamos ser o que realmente somos e assim os filhos serão mais felizes por tabela.

Sabemos hoje que podemos fazer e refazer novas redes neurais, o mesmo que novos caminhos de desenvolvimento, novas rotas como num GPS. Podemos modificar o cérebro e assim mudar a mente. Incrível isso, se experimentarmos as várias formas de ser teremos um cérebro mais diversificado, digamos assim, ser sempre igual não promove crescimento de novos neurônios. Se nosso olhar está sempre buscando o bem suceder do desenvolvimento não temos dúvida de que saber se relacionar bem com as pessoas é o melhor da vida, abre os caminhos. É a partir dos sentimentos bem vividos desde o útero materno que se forma a função sentimento. Ela foi a nossa última convidada. Graças a ela o mundo é um lugar melhor para se viver!

## CAPÍTULO 6

# A IMPORTÂNCIA DAS ROTINAS NO DESENVOLVIMENTO DA CRIANÇA

LIGIA BONINI

*Os melhores limites são os que estabelecem regras básicas para a interação com os pais e a família* (PEARCE).

## INTRODUÇÃO

Na minha trajetória como psicóloga no atendimento de crianças, sempre foi assunto importante nas reuniões que realizo com pais e/ou cuidadores, a necessidade de se manter no âmbito familiar, rotinas, hábitos ou ritos, necessários para um desenvolvimento psicológico e físico saudável da criança.

A família como instituição vem sofrendo grandes mudanças ao longo do tempo, mas a tarefa de criar os filhos sempre esteve presente independentemente da cultura, das mudanças sociais, econômicas e politicas.

Wahba, 2004, elucida que "na atualidade a perda da estrutura familiar, o fenômeno da globalização, as mudanças no mercado de trabalho, trouxeram um afrouxamento de vínculos institucionais, uma desvalorização de metas antes seguras e duradouras". Os "eletrônicos" disponíveis no mercado e objetos de luxo substituem as necessidades e os afetos, e suprem as carências familiares. Muitos pais, ainda que inconscientemente, acabam reforçando para seus filhos a importância do "ter" e não do "ser". Muitas crianças são estimuladas, mas suas reais necessidades não são percebidas pelos seus pais ou cuidadores.

A criança desde pequena precisa de regras, limites para crescer sadia, para poder lidar com as frustrações e adversidades da vida.

A importância da relação amorosa que se estabelece entre os pais /cuidadores e filhos é tema de estudo de vários autores que se dedicam ao desenvolvimento humano. Esses estudos demonstram que as regiões primitivas do cérebro são profundamente afetadas por nossas experiências biológicas, sociais e emocionais.

As rotinas podem ser compreendidas como procedimentos habituais que realizamos sempre do mesmo jeito e diariamente desde idade muito precoce, como por exemplo, a higiene, a alimentação, a lição-de-casa, o brincar e o lazer, o sono, os ritos religiosos e culturais. Devem ser estabelecidas desde os primeiros meses de vida, quando a criança aprende a lidar com a espera, com a frustação de não ter sido atendida prontamente para mamar, ser trocada e aguardar o retorno, para casa, dos pais que saíram para o trabalho.

A criança que não é frustrada, que não ouve os "nãos" tão necessários na fase egocêntrica, não consegue estruturar o ego, ser resiliente. Dificilmente conseguirá lidar com as dificuldades e exigências posteriores da vida; além disso, abre-se a possibilidade de tornar-se um grande "tirano". Apresentar-

-se-á como sendo uma criança frágil, insegura, com medos, dificuldades escolares e sociais.

Este capítulo trata de uma conversa com os pais/cuidadores sobre as rotinas que uma criança deve ter para manter um crescimento físico e psicológico adequados e sadios.

## SONO

Observo que muitas crianças acabam "vivendo" a rotina dos pais. Dormem por volta das 22 ou 23 horas, o que não é saudável para uma criança que precisa acordar por volta das 5h30, 6 horas e que tem que cumprir uma agenda intensa. Acontece que os pais chegam em casa após um dia de trabalho, por volta das 19, 20 horas, quando não em horários mais elevados. O momento que a criança deveria estar se preparando para ir dormir acaba sendo o tempo de convívio com os pais, quer em atividades de lazer, quer no auxílio ou cobrança das atividades escolares, que por sinal em algumas famílias, passa a ser sob este aspecto, um momento de estresse familiar.

O uso de *tablets*, celulares, TV, na hora de dormir, servem como "barganha" dos pais para que os filhos possam atendê-los e muitos pais/cuidadores "permitem" o uso desses eletrônicos como forma de viabilizar a ida da criança para a cama. Tais dispositivos, segundo especialistas, podem interferir na "qualidade" do sono da criança. Uma noite "mal dormida" prejudica a estabilidade psicológica da criança.

É comum os pais comentarem que seus filhos sentem medo, acordam várias vezes durante a noite e buscam a cama dos pais, além "daquele mau humor matinal"!

Observa-se que a criança quando tem déficit de sono ou mesmo, o sono prejudicado, pode apresentar dificuldades cognitivas, de aprendizagem, ansiedade, problemas de comportamento, de memória e baixa resistência imunológica.

Estabelecer a rotina do sono da criança, respeitando seu ciclo biológico pode proporcionar um despertar harmonioso, para que a criança possa iniciar o dia com qualidade e as atividades escolares de forma satisfatória. Os pais também poderão dispor de um tempo para a convivência enquanto casal.

A sugestão para estabelecer a rotina do sono é manter um ritual para adormecer sem eletrônicos (TV, celular, *tablets* etc.), mas que possam ser substituídos pela prazerosa companhia dos pais contando histórias, lendo livrinhos para a criança e, quando religiosos, fazendo com a criança as orações noturnas.

## HÁBITOS DE HIGIENE MATINAIS

Os hábitos de higiene matinais como acordar, ir ao banheiro, escovar os dentes, lavar o rosto, pentear os cabelos, tirar o pijama e vestir o uniforme são frequentemente apresentados pelos pais como outro momento de grande "desgaste familiar". Muitas famílias relatam que iniciam a manhã brigando com os filhos e consequentemente com o cônjuge, que quer dormir e não consegue devido aos "berros" matinais. Alguns pais desistem dessa tarefa, permitindo que a criança vá para a escola sem pentear os cabelos e escovar os dentes e justificam tal atitude como sendo "estilo da criança"; quantas crianças vão para a escola com a blusa do pijama embaixo da camiseta escolar! Outros pais acabam vestindo seus filhos e arrastando-os até o banheiro ainda dormindo. Entretanto, essa atitude aparentemente menos estressante para muitos pais, quando se estende até idade mais avançada da criança, a acomoda - sempre haverá alguém para fazer alguma coisa por ela. Esta criança se mantém imatura e não desenvolve habilidades necessárias para a sua vida. Tudo para manter uma manhã "tranquila"!

Neste caso os pais deveriam começar o dia com uma "força tarefa", o casal unido, colaborando um com o outro para desenvolver essa rotina nas crianças.

Outra rotina básica, não menos estressante que a anterior, é o café-da-manhã, atualmente em extinção. A "família margarina" tão presente nas manhãs de muitas crianças, hoje está deixando de existir até nos comerciais de TV.

É comum muitas crianças irem para a escola sem tomar um café da manhã, *ela não quer comer*, relatam os pais.

A nutricionista Almeida, 2018[1], salienta que o estabelecimento de uma rotina alimentar adequada é de grande importância, contribui para o desenvolvimento global da criança e deve ser construída desde a fase de lactação, com atenção especial à etapa de introdução da alimentação complementar e passando pelas adaptações de acordo com

1. Comunicação Pessoal. Dra Luara Bellinghausen Almeida, nutricionista, especializada em nutrição infantil ( UNIFESP), Dra em Ciências e mestre em Saúde Pública (USP).

o desenvolvimento de habilidades, ganho de autonomia e ampliação do repertório alimentar nas idades pré-escolar e escolar. Complementa ainda, dizendo que a qualidade da alimentação oferecida, bem como a forma de oferecer as refeições desde a tenra idade, é determinante para a formação dos hábitos alimentares que irão perdurar ao longo da vida. Por isso a importância da presença de alimentos saudáveis, com variedade de frutas e vegetais diariamente ofertados, compondo refeições balanceadas e em uma rotina alimentar organizada.

Muitas crianças esperam a hora do lanche na escola para realizarem a primeira alimentação. As lancheiras que poderiam ser preparadas pelos pais juntamente com as crianças, geralmente são montadas na noite anterior, muitas vezes com alimentos de baixo valor energético e proteico.

Promover um café da manhã para seus filhos é importante principalmente para organizarem ou repassarem com a criança a rotina e atividades que terão durante o dia e que, esperam os pais, sejam cumpridas e obedecidas pela criança. Pode ser considerado um momento de organização familiar, principalmente para os pais que trabalham durante o dia todo e retornam à noite para o jantar. A partir do momento que as crianças vão para a escola, os pais podem dedicar um tempo para sua caminhada, exercício físico e posteriormente realizar tranquilamente seu trabalho.

E como fica a rotina da família onde os filhos estudam no período da tarde?

Sugere-se que a criança acorde em um determinado horário. Manter a higiene e tomar café da manhã com os pais ou pelo menos com um deles é importante para que seja possível a organização diária das crianças, principalmente se forem pequenas. Em algumas famílias, as crianças não tem horário para despertar, não aprenderam a importância do café-da-manhã e, costumeiramente, se dirigem para a TV ou computador sem dedicarem um tempo para a higiene pessoal. É comum permanecerem de pijama até a hora de ir para a escola.

## ALMOÇO

Quando um dos pais tem a possibilidade de almoçar com os filhos, ou mesmo buscá-los na escola, a criança pode se sentir cuidada e amparada. Porém nem sempre é possível devido à demanda profissional, deslocamento do trabalho e outras variáveis.

Uma ligação nesse momento, manter contato, uma conversa com os filhos quando retornam da escola, na hora do almoço, é fundamental para que sintam a presença dos pais e para reforçarem os "combinados e os acordos" a serem desenvolvidos no período da tarde, como por exemplo, a lição de casa. A criança estará sendo amparada e cuidada pelos pais.

Os cuidadores da criança, avós, babás, devem ser orientados pelos pais para que possam manter a rotina da criança. Nada de almoçar em frente à TV, ou no quarto ou mesmo na mesa do computador. O almoço deverá ser realizado com a criança sentada à mesa, adequadamente. É assim que as crianças aprendem o convívio social.

As crianças precisam de organização, regras, que devem ser estabelecidas pelos pais, não é função de terceiros. Faz parte do cuidar e educar.

## BANHO

Hora do banho! Outro estresse!

As crianças recusam ir para o banho, que vai ocorrer depois de muito e intenso esforço dos pais.

O ideal seria o banho antes do jantar, se possível sempre no mesmo horário.

O jantar!!! Considero o ritual mais importante do convívio familiar.

O hábito das refeições familiares, realizadas em ambientes tranquilos e afetivos, sem a presença de aparelhos eletrônicos, sem pressão ou chantagens, criam segurança e bem-estar da criança em torno da alimentação.

É aconselhável as crianças fazerem um lanche por volta das 17h para que possam esperar os pais chegarem do trabalho e jantarem juntos.

O adequado cuidado alimentar proporciona a melhor oferta de nutrientes para o desenvolvimento cognitivo, ou seja, a garantia do aporte energético-proteico, de vitaminas, minerais e ácidos graxos para a formação e funcionamento das estruturas neurais. Para além das questões nutricionais propriamente ditas, este cuidado favorece o estabelecimento do vínculo afetivo entre os pais e a criança, que por si é determinante de todo o desenvolvimento infantil, complementa Dra. Luara Almeida.

## JANTAR

Quando os pais durante o jantar demonstram interesse nas conversas dos filhos, no relato das atividades que realizaram durante o dia, abrem a possibilidade de a criança perceber o outro, ter um olhar para o outro. Permitem que a criança também participe da sua vida, que possam manifestar o que foi bom, o que foi ruim, do que gostaram, do que não gostaram, tornam esse momento um alimento nutricional primordial, um alimento espiritual, amoroso, fundamental e necessário para o bom e sadio desenvolvimento da criança. A base das relações interpessoais - pais e filhos - está na troca amorosa e na relação de apego. O jantar pode ser o momento para se estabelecer uma nova relação social com a família. Citando Cozolino, 2010, as relações de apego seguro apoiam a aprendizagem flexível e adaptativa.

E a novela? E o telejornal? Nada é mais importante que os filhos! Nada é mais importante que esse momento familiar – trata-se de um alimento para os filhos e para os pais.

## CONSIDERAÇÕES FINAIS

Finalizando este capítulo não posso deixar de citar Araújo, 2012, psicóloga e referência em desenvolvimento infantil, quando diz que as falhas nos relacionamentos interpessoais impedem uma relação segura de apego. Crianças que não têm apego seguro não são capazes de criar um senso de unidade e continuidade de si mesmas através do passado, presente e futuro, ou nos seus relacionamentos consigo mesmas e com os outros. Esses prejuízos se manifestam em instabilidade emocional, em pobres respostas ao estresse e em desorganização cognitiva.

## REFERÊNCIAS BIBLIOGRÁFICAS


ARAÚJO, C. A. de. *Psicologia Analítica. In: Assumpção FB, Kuczynski E. Tratado de Psiquiatria da Infância e da Adolescência.* 2. ed. São Paulo: Atheneu, 2012.

ARAÚJO, C. A. de. *Pais que educam: uma aventura inesquecível.* São Paulo: Gente, 2005.

COZOLINO, L. The neuroscience of psychotherapy: healingthe social brain. New York: Norton, 2010.

GUGGENBÜHL - C. A. *O casamento está morto, viva o casamento!* São Paulo: Símbolo, 1980.

LIPOVETSKY, G. C. S. *Os tempos hipermodernos.* São Paulo: Barcarolla, 2004.

PEARCE, J.C. *A criança mágica: a redescoberta do plano da natureza para nossas crianças*. Rio de Janeiro: F. Alves, 1989.

WAHBA. L.L. *O nosso herói atual: um herói da complexidade*. In: Anais do III Congresso Latino- americano de Psicologia Junguiana. Salvador, 2003. São Paulo: Lector, 2004.

CAPÍTULO 7

# O LIMITE DOS LIMITES

YEDDA HELENA RAYNSFORD MACDONALD

O presente capítulo visa explorar as dificuldades, os desafios e os caminhos dos limites na educação dos filhos. Através do Mito de Ícaro abordaremos a importância dos limites na construção da identidade psicossocial de crianças e adolescentes, e as repercussões desse processo nos futuros adultos.

A mitologia grega está repleta de exemplos sobre a temática limites pois a máxima grega é o ideal do meio termo. Assim sendo, a luta entre deuses e homens, o desafio de limites sobre-humanos, disputas de poder entre pais e filhos, transgressões da ordem são alguns temas presentes nessa mitologia. Usamos em psicologia analítica os mitos para elucidar padrões arquetípicos ou seja, comuns a todos nós. Os mitos, as fábulas, as lendas e os contos de fadas apresentam modelos de comportamento atemporais e formam nosso arcabouço cultural e psicológico.

Vamos, portanto, iniciar contando resumidamente o mito de Ícaro. Dédalo, pai de Ícaro, era um arquiteto, artesão e escultor muito engenhoso e famoso na Grécia. Ao cometer um crime, refugiou-se na ilha de Creta e foi recebido pelo rei Minos com honras e com o pedido para construir um labirinto que aprisionasse o Minotauro, figura monstruosa, fruto da traição da rainha (que fora enfeitiçada) com um touro branco. Dessa união nasceu o Minotauro com cabeça de touro e corpo de homem. Mas, logo depois, Minos descobriu a traição de Dédalo: ele construíra uma enorme vaca de madeira para abrigar o encontro da rainha com o touro branco. Sua punição foi aprisionar Dédalo no labirinto junto a seu filho Ícaro. Dédalo, então, construiu asas de cera para fugir do labirinto e advertiu seu filho para não voar nem muito alto, próximo ao sol, para não derreter as asas, nem muito baixo, para não cair no mar. Mas Ícaro empolgou-se com o voo, indo bem alto e caiu no fundo do mar.

Muito se pode pensar sobre esse mito e a questão dos limites: dos adultos que transgridem e traem (Dédalo e a rainha) até a punição por não respeitar os limites e colocar-se em risco. Vamos ficar aqui apenas na relação pai e filho. Qual a importância dos limites para a saúde mental? Não apenas para a adaptação social, mas porque precisamos de contornos, de medidas, de leis? Essas são algumas questões sobre as quais vamos refletir neste texto.

Psicologicamente, nascemos inconscientes e, gradualmente, vamos criando consciência da separação do seio materno, que se expande para o ambiente e depois para as primeiras relações sociais fora da família. Nesse processo, os primeiros limites colocados pelos adultos referem-se a cuidados com o corpo: não cair, não se machucar, precaver-se contra algo que possa cortar ou queimar e, à medida que a criança vai crescendo, aparece o ensinamento de valores para se viver em sociedade. Quanto mais crescemos, maiores são os limites e frustrações que temos de encarar.

Com a chegada da adolescência, a construção e descoberta de uma identidade começa a trazer conflitos de gerações e uma necessidade de desafiar e testar os limites. Até certo ponto, essa necessidade é saudável, pois visa a busca de uma individualidade e diferenciação em relação aos pais. A questão é que na adolescência ainda não há noção de alguns riscos e há uma sensação de invencibilidade e de imortalidade.

O mundo pós-moderno oferece muitos desafios para a educação de filhos. Se, por um lado, temos uma geração de pais mais abertos, menos repressores, temos também uma falta de noção de quando dar limites e de quando soltar os filhos. Se, em gerações anteriores, não havia questionamento da hierarquia, nas gerações contemporâneas os pais se excedem podendo chegar a uma permissividade ou a uma relação de amizade e horizontalidade com os filhos. Isso se deve não apenas a uma tentativa de ser diferente de outras gerações, mas, também, pelo sentimento de culpa de pais que trabalham fora e querem compensar os filhos, oferecendo-lhes apenas momentos prazerosos e livres de frustração. Até uma certa idade, a criança e o adolescente precisam incorporar a noção de hierarquia para, no futuro, desenvolver relações mais simétricas com os pais. A confusão reside no fato de se achar que negociar tudo, não entrar em conflito, irá gerar adultos mais saudáveis do que em outras gerações. Isto é um equívoco. Como no Mito de Ícaro, nem tanto ao céu, nem tanto ao mar.

Se antes tudo era restritivo, reprimido e, por vezes, abusivo, física e psicologicamente, hoje estamos sem contornos claros, o que é também muito prejudicial para a vida adulta porque para vivermos socialmente precisamos de regras, e para sermos criativos, precisamos ter regras para quebrar. Não se questiona estrutura sem tê-la. Assim como Dédalo alerta sobre o meio termo, não voar nem muito alto, nem muito baixo, precisamos estar conscientes de que nem excesso de regras ou falta delas irão trazer benefícios para a construção de identidade dos filhos.

Outro grande desafio na relação com os filhos são as redes sociais. Sob inúmeros aspectos, estas interferem na vida íntima das pessoas e confundem público e privado. Além da alta exposição e riscos em termos de memória e cognição que vêm sendo pesquisados, as redes sociais abriram um novo universo com muitos pontos luminosos, e também sombrios. *Ciberbullying*, sexualização precoce, a falsa ideia de que a imagem vale mais do que a essência, afastamento das relações reais, a confusão de que uma opinião é uma verdade porque recebeu muitas curtidas, bem como a destruição da autoestima quando se posta algo e não se recebe atenção.

Essa permeabilidade entre público e privado coloca pais e filhos numa situação de vulnerabilidade. Estamos abertos não apenas a um meio social direto da escola, do bairro, do clube, mas a um amplo mundo de luz e sombra. A Internet e os avanços tecnológicos são indiscutíveis, mas precisamos nos debruçar também sobre seus efeitos nas relações sociais e familiares para podermos usufruir de forma mais consciente e saudável essas mídias sociais.

Voltando ao Mito de Ícaro. Dédalo, a figura paterna, também tem seus crimes e transgressões. Este é um primeiro ponto que quero abordar. Metaforicamente, esses crimes e traições representam nossas faltas, nossas dúvidas e nossa humanidade como pais. Acompanhar o processo de crescimento dos nossos filhos é estar consciente de faltas ou excessos na nossa educação, quando fomos crianças e adolescentes. Não apenas para compensar, mas também para sentir que não é fácil esse lugar de impor as regras, para perceber que podemos ter dúvidas e não repetirmos essas faltas nos filhos. Como na música de Renato Russo, "Pais e Filhos": "você culpa seus pais por tudo, isso é absurdo, são crianças como você, o que você vai ser quando você crescer?".

Outro ponto do mito para reflexão é a necessidade arquetípica de protegermos os filhos, alertarmos sobre os riscos de criarmos asas para que voem, mas sabendo da medida das coisas. Não temos como garantir que nos escutarão. E aí entramos no terceiro, e talvez mais importante, ponto a que o mito nos leva, proporcionando sugestões para o tema limites.

Em psicologia analítica, o par de opostos que representam a criança e o velho chama-se *puer* e *senex*. Ambos são fundamentais ao longo de toda a vida e precisam estar em harmonia. Não me refiro apenas à criança e ao velho literalmente, mas psicologicamente também. Assim sendo, a criança ou *puer* seria o impulso para o novo, para o criativo e, quando está na sombra, seria o lado mimado, teimoso, que não aceita limites. O *senex* é o contorno, a consolidação e, no lado sombrio, a rigidez. Um não vive sem o outro. De nada adianta uma ideia genial (*puer*) sem tempo e esforço para ser consolidada (*senex*).

No mito, quando Dédalo alerta seu filho sobre os riscos das asas de cera, está tentando mostrar-lhe que ele pode voar, mas com cautela, porque há riscos e porque a total liberdade não existe: é utópica. Quando Ícaro transgride, afunda suas possibilidades de crescimento. Assim acontece na relação pais e filhos. A experiência dos pais deveria servir para soltar com certa sabedoria. Nem sempre os filhos escutam e nem sempre é por culpa dos pais, mas pelo impulso pueril de querer viver e experimentar o mundo. De qualquer forma, quando pais abrem a porta para os filhos voarem e dão conselhos sobre os riscos, tentam integrar *puer* e *senex*. *Puer* no voo e *senex* nos cuidados para que esse voo seja proveitoso e possa proporcionar-lhes uma aterrisagem segura.

Outro ponto que quero trazer é a questão da inflação do ego na adolescência. Ícaro representa bem o adolescente que tem curiosidade, muito desejo de voar e não escuta o pai. Na adolescência há muitas descobertas e descolamentos dos pais que são prazerosos e até saudáveis, mas isso cria a falsa noção de uma autonomia ainda incipiente. E libera a ideia de que estamos soltos e, portanto, livres. Há sempre uma confusão desses conceitos, como o próprio mito mostra. Podemos voar, mas temos que aterrissar, porque não somos pássaros nem deuses. Isto seria a inflação do ego: achar que somos mais do que podemos ser ou que nada nos acontecerá, somente aos outros.

Neste sentido, assistimos a muitos acidentes, mortes precoces e abuso de drogas. O ego, quando infla, perde as suas medidas e, como na mitologia grega, acaba superestimando seu tamanho. É o velho tema dos humanos querendo superar os deuses. Quando perdemos a noção do nosso tamanho e ultrapassamos limites, corremos o mesmo risco de Ícaro: sermos lançados ao fundo do mar.

Zygmunt Bauman desenvolveu o conceito e ideia de uma sociedade líquida, na qual as relações, a economia, o tempo estejam sujeitos a dissolver-se e, portanto, nada chega a ganhar corporeidade nem consistência. Na era contemporânea, esse é outro ponto a ser considerado na educação dos filhos.

Como criar relações consistentes em casa para que isso seja um valor incorporado e levado para esse mundo? Estar presente, atento, colocar limites no uso de *ipads*, computadores, celulares e cultivar encontros diários da família. Seja em uma refeição, na hora de colocar os filhos para dormir, buscá-los na escola e ouvi-los. Valorizar as conversas cotidianas estreitam laços e vínculos mais genuínos e de confiança. Parece óbvio, mas nos dias atuais, com os pais trabalhando até tarde, é uma tentação chegar em casa e cada um ir para o seu canto com seus eletrônicos.

Estamos todos, pais e filhos, nesse sentido, sujeitos a nos diluirmos no fundo do mar e perdermos momentos de contato real; o tempo em nossa sociedade é líquido, rápido, fugaz. Assim como as relações também o são e é por isso que, mais do nunca, precisamos estar atentos ao fato de que o lugar de solidez e a possibilidade de consistência estão na relação que nós, pais, temos a oferecer a nossos filhos. O cultivo do tempo, da atenção, do cuidado, dos alertas tem sua base na família.

Hoje muitos pais delegam essa função à escola. A escola é mais um local de aprendizado do convívio social e pedagógico, mas não adianta esperar que a escola seja o lugar de construção de valores mais profundos. Nada substitui o que é oferecido em casa. Por isso, assim como Dédalo, somos falíveis, erramos como pais, mas também somos mais experientes e devemos sinalizar os riscos das escolhas que nossos filhos poderão encontrar e orientá-los.

Há dois filmes e uma série que tratam da temática limites e relação de pais e filhos. O primeiro chama-se "Aos treze" e aborda o tema da transgressão de limites de uma menina que desenvolve uma amizade que a leva para caminhos de infração; o segundo chama-se "Confiar" e é a história de uma adolescente que conhece um rapaz pela Internet e acaba caindo numa cilada que envolve abuso sexual; e a série "Thirteen reasons why", que aborda o tema da depressão e suicídio na adolescência.

Para finalizar, coloco aqui a letra da música "Pais e Filhos" na íntegra, pois ela aborda, de forma poética, vários temas aqui tratados.

*Estátuas e cofres e paredes pintadas*
*Ninguém sabe o que aconteceu*
*Ela se jogou da janela do quinto andar*
*Nada é fácil de entender*
*Dorme agora*
*É só o vento lá fora*
*Quero colo! Vou fugir de casa*
*Posso dormir aqui com vocês?*
*Estou com medo, tive um pesadelo*
*Só vou voltar depois das três*
*Meu filho vai ter nome de santo*
*Quero o nome mais bonito*
*É preciso amar as pessoas*
*Como se não houvesse amanhã*
*Porque se você parar pra pensar*
*Na verdade não há*
*Me diz, por que que o céu é azul?*
*Explica a grande fúria do mundo*
*São meus filhos*
*Que tomam conta de mim*
*Eu moro com a minha mãe*

*Mas meu pai vem me visitar*
*Eu moro na rua, não tenho ninguém*
*Eu moro em qualquer lugar*
*Já morei em tanta casa*
*Que nem me lembro mais*
*Eu moro com meus pais*
*É preciso amar as pessoas*
*Como se não houvesse amanhã*
*Porque se você parar pra pensar*
*Na verdade não há*
*Sou uma gota d'água*
*Sou um grão de areia*
*Você me diz que seus pais não entendem*
*Mas você não entende seus pais*
*Você culpa seus pais por tudo, isso é absurdo*
*São crianças como você*
*O que você vai ser*
*Quando você crescer*

## REFERÊNCIAS BIBLIOGRÁFICAS

BAUMAN, Z. *O Mal-Estar da Pós-Modernidade*. Rio de Janeiro: Zahar, 1999. E-book.

BRANDÃO, J.S. *Mitologia Grega*. Petrópolis: Vozes, 2007.

RAYNSFORD, Y.H.V. *A contribuição dos mitos para a compreensão do desenvolvimento psíquico do pré-adolescente sob a perspectiva da Psicologia Analítica*. Trabalho de conclusão de curso para graduação de psicologia. Orientadora Dra. Noely Montes Moraes. PUC-SP. 1995.

## CAPÍTULO 8

# A INFÂNCIA CONECTADA NA VIDA REAL

EMILIA F. A. REIS MARCATTI

Existem hoje no Brasil mais de 240 milhões de aparelhos celulares, segundo dados da Anatel, agência que regulamenta o setor. Isso significa que temos mais smartphones do que pessoas, já que o País possui cerca de 208 milhões de habitantes, de acordo com estimativa do IBGE. O fenômeno da internet e da disseminação de dispositivos eletrônicos criaram uma nova geração, os chamados nativos digitais.

O termo foi cunhado pelo norte-americano Marc Prensky para identificar aqueles que cresceram com as tecnologias digitais presentes desde sempre em suas vidas, em contraponto aos chamados migrantes digitais, nascidos na era analógica. Não é preciso ser especialista na área digital para afirmar que esse movimento é irreversível, assim como os efeitos que ele provoca no dia a dia de crianças, adolescentes e adultos.

Mas quando falo em efeitos não me refiro a aspectos negativos. Não se trata de culpar a tecnologia pelas preocupações dos pais, quando falamos sobre o uso intensivo dos eletrônicos por parte das crianças. Na verdade, a tecnologia é um meio e não um fim. Assim como no passado os pais ficavam aflitos porque seus filhos passavam horas em frente da televisão ou conversando no telefone fixo, hoje eles também se afligem com o tempo excessivo que seus filhos dedicam aos celulares.

## MAS A CULPA NÃO É DA TECNOLOGIA?

Quando olhamos o exemplo acima, podemos nos questionar se nada mudou, antes era a televisão agora é o celular. Mas não é bem assim. Ao mesmo tempo que não se pode imputar à tecnologia os males atuais, também não podemos subestimar os desafios resultantes desse admirável e fascinante mundo. Trata-se realmente de um novo universo não só para as crianças como para todos nós, migrantes digitais, que estamos aprendendo a lidar com esse cenário. Inclusive, em muitos casos, os pais estão tão ou mais fascinados do que os filhos e não percebem os excessos de sua relação com a tecnologia.

Em uma pesquisa feita pelo Instituto Ipsos no Brasil, EUA, França e Índia, 33% dos participantes disseram já ter priorizado o celular em vez de passar o tempo com família e amigos. No Brasil, esse percentual também é de 33%. Grande parte desse tempo é dedicado às redes sociais. O Comitê Gestor da Internet (CGI.br) registra que 77% dos brasileiros conectados usam redes sociais a maior parte do tempo.

C. G. Jung fala da "educação pelo exemplo" como uma das espécies de educação. Ele diz que "ela ocorre espontaneamente e de modo inconsciente; por isso é também a forma mais antiga e talvez a mais eficaz de toda e qualquer educação." O fato da criança se identificar com seus pais justifica essa ideia.

E o que isso significa? Que os filhos comumente aprendem por meio do comportamento dos pais. Como controlar o tempo que uma criança passa com o celular na mão, se muitas vezes os próprios pais não conseguem permanecer mais de um minuto sem consultar a tela de um smartphone? É necessária uma reflexão por parte dos pais sobre seu comportamento, seu papel como educadores e sobre que tipo de relação desejam construir com seus filhos.

O que existe de diferente hoje em relação às preocupações do passado, é que estamos diante de um fenômeno de comunicação e entretenimento muito mais complexo e amplo, que estabelece novas dimensões para as relações humanas, sociais e emocionais. Esse fenômeno afeta igualmente pais e filhos e isso faz com que seja mais difícil para a família identificar eventuais excessos.

É fundamental que os pais fiquem atentos para essas questões justamente na infância, quando o fascínio pela tecnologia é na verdade o fascínio pelo novo. Muitos costumam dizer que os bebês já ficam encantados pelos celulares desde cedo. Mas quem não ficaria atraído por um "brinquedo" tão luminoso e colorido e que desperta tanta atenção de todos a sua volta? E não há nada de errado nisso.

Os bebês e as crianças estão expostos a diversos estímulos e eles são abertos e naturalmente curiosos. Não é de se estranhar que algo que desperte tanto interesse e que está sempre tão próximo dele também o atraia. A questão que precisamos cuidar é justamente da conexão dessa criança com o mundo real, com seus pais e com todos os estímulos físicos e emocionais que a cercam. Essa conexão saudável da criança com a vida é algo que precisa ser estimulado desde o nascimento.

## O QUE OS PAIS SABEM SOBRE SEUS FILHOS?

Mais do que se preocupar com a questão de permitir ou não que as crianças usem celulares ou definir a partir de que idade devem fazer isso, é saber o que elas estão fazendo quando não estão no celular. Em suma, os pais precisam saber mais, conhecer seus filhos. Parece estranho dizer isso, mas hoje muitos pais se distanciam do universo das crianças. Não procuram entrar nesse mundo, interagir com eles. Muitas vezes o que precisamos é simplesmente "saber" sobre os nossos filhos.

Muitos pais usam celular ou tablets como uma babá. Em várias situações as crianças são deixadas com celulares para passarem mais tempo quietas, tranquilas ou até para aceitarem ir para cama dormir. Em muitos casos é mais cômodo para os pais que as crianças estejam em casa, jogando no celular. Não há nenhum mal em que joguem, se o jogo ou o vídeo forem apropriados para sua idade. É responsabilidade dos pais fazer esse filtro para as crianças, já que elas ainda não têm maturidade para discernir o que podem ou não fazer.

Entrar no universo da criança significa, muitas vezes, aprender aquele jogo ou assistir a um vídeo que nos parece chato, mas que fascina tanto seu filho. Ganhar algumas horas ao lado dele, fazendo parte do seu mundo virtual, pode ser uma forma saudável de conhecê-lo melhor, identificar suas preferências e seus hábitos. Não apenas estar ao seu lado, mas conviver com ele, estabelecer um nível maior de intimidade, o que nos aproxima verdadeiramente de alguém.

Cada vez mais as crianças utilizam os dispositivos como ferramenta de estudo e pesquisa. As próprias escolas procuram inserir os recursos digitais nas salas de aula e nas lições de casa e esta é uma ferramenta positiva. O mais importante é saber responder à pergunta: o meu filho está usando o celular para fazer o quê exatamente? Os pais deveriam ter essa resposta.

## QUANDO AS REGRAS NÃO ESTÃO CLARAS

Além de dedicar um tempo para conhecer melhor o universo digital do seu filho, é preciso estabelecer regras e, mais do que isso, fazer com que elas sejam conhecidas. O exemplo clássico é o do brigadeiro. Difícil uma criança não ficar entusiasmada por alguma guloseima, mas todos sabem que brigadeiro em excesso pode fazer mal. Imagine então se uma criança passar o dia todo comendo apenas brigadeiros? Mesmo que o doce possa alimentá-la de alguma forma, a ausência de outros nutrientes poderá deixar essa criança doente.

De novo a questão não é somente o tempo que as crianças ficam no celular, mas também o tempo que elas dedicam a outras atividades, outros estímulos físicos e motores, que serão fundamentais na sua formação e no seu crescimento saudável. Atividades de preferência ao ar livre, como jogar bola, ir a um parquinho, brincar com outras crianças, são mais do que necessárias, são fundamentais. Os pais deveriam levar as "crianças para fora", para ter contato com a natureza.

Em geral os pais têm muita dificuldade em estabelecer regras e limites e dizer o clássico "não". Essa dificuldade se torna ainda mais acentuada quando se trata de um novo cenário para o qual não existem manuais. Difícil encontrar literatura que determine claramente quanto tempo uma criança deve passar em frente ao celular. Além do mais, basear essa regra de uso apenas na questão do tempo se torna cada vez mais difícil, na medida em que o celular hoje também é, em muitos casos, uma ferramenta de ensino.

O melhor critério é o que cabe no estilo de cada família. O importante é que as regras existam e que os pais gastem um tempo se preocupando com isso e busquem informações e o modelo mais adequado e passível de ser implementado. Atualmente, de acordo com o CGI.br, 91% das crianças e adolescentes se declaram usuárias de internet na região sudeste do Brasil, e a maioria deles se conecta por meio de celulares. Esse dado mostra o quão relevante se torna essa questão para os pais.

Ao mesmo tempo, a Sociedade Brasileira de Pediatria recomenda que o tempo de uso diário ou a duração total/dia do uso da tecnologia digital seja limitado e proporcional às idades e às etapas do desenvolvimento das crianças e adolescentes. Por exemplo, no caso de crianças entre 2 a 5 anos, o tempo sugerido de exposição às mídias não deve ultrapassar 1 hora por dia. E vai além, recomendando que crianças de 0 a 10 anos não devem usar dispositivos eletrônicos trancadas no próprio quarto.

## TEMOS QUE ESTAR CONECTADOS, MAS EM QUEM?

A palavra "conexão" tão própria da linguagem digital pode ser um ponto de partida para esse percurso em busca de um equilíbrio na maneira como as crianças lidam com a tecnologia. Quanto antes os pais buscarem essa conexão com os filhos, melhor. Os chamados nativos digitais devem ser educados digitalmente desde cedo. Mas é fundamental garantir a conexão com os pais, familiares, pessoas reais, garantindo com isso que a conexão virtual aconteça de forma mais saudável.

Perder esse período de aprendizagem, não garantindo essa conexão desde cedo, com obediência a determinadas regras, pode se tornar mais complicado na fase da adolescência. Estar conectado significa assumir o seu papel de educador. Quem educa são os pais e todos deveriam se apropriar disso e não abrir mão, apesar de todos os desafios que essa função impõe. E quanto mais cedo essa conexão entre os pais e a criança for estabelecida mais fácil se tornará acompanhar essa evolução.

Tudo isso pode dar um pouco mais de trabalho, aliás, em muitos casos, bastante trabalho. Estar próximo do mundo da criança, reconectar-se com os filhos, ser protagonista e não espectador na educação exige esforço, mas é preciso tentar. Temos que ampliar essa conexão fortalecendo o vínculo pessoal. A boa relação entre pais e filhos, se garantida desde o início, será fundamental para encontrar esse ponto de equilíbrio no trajeto de desenvolvimento das crianças.

## REFERÊNCIAS BIBLIOGRÁFICAS:

ANATEL, *Dados sobre disseminação de aparelhos celulares e dispositivos móveis*. Agência Nacional de Telecomunicações. Disponível em < http://www.anatel.gov.br/dados/acessos-telefonia-movel>. Acesso em 10 ago. 2018.

ARAÚJO, C. A. de. *Pais Que Educam: uma aventura inesquecível*. São Paulo: Gente, 2005.

ARAÚJO, C. A. de. *A Relação Pais-Filhos: A Tecnologia a Serviço do Afeto*. Trabalho apresentado no VII Congresso Latino Americano de Psicologia Analítica, 2015.

BECKER, D. (pediatra), *Crianças já para fora*. Youtube TEDx Disponível em < https://m.youtube.com/?hl=pt&gl=BR>. Acesso em 11 jun. 2015.

COMITÊ GESTOR DA INTERNET (CGI.br), *Pesquisa TIC Kids Online Brasil 2016/2017*. Disponível em <https://www.cgi.br/media/docs/%E2%80%A6/2/TIC_KIDS_ONLINE_2016_LivroEletronico.pdf> Acesso 05 nov 2017.

IBGE, *Pesquisa sobre acesso à internet e a tv e posse de telefone móvel celular.* Dados do Instituto Brasileiro de Geografia e Estatística. Disponível em <https://www.ibge.gov.br/estatisticas-novoportal/sociais/trabalho/17270-pnad-continua.html?edicao=23205>. Acesso em 10 ago. 2018

JUNG, C.G. *O desenvolvimento da personalidade*. (O. C.) VOL 17, Petrópolis: Vozes, 1972.

O ESTADO DE SÃO PAULO, *Empresas de tecnologia lançam recursos para combater uso excessivo de celular*. Estudo publicado no Jornal, edição de 09 set. 2018.

SOCIEDADE BRASILEIRA DE PEDIATRIA. *Saúde de Crianças e Adolescentes na Era Digital.* Manual de Orientação, Departamento de Adolescência. Disponível em <http://www.sbp.com.br/imprensa/detalhe/nid/sbp-lanca-conjunto-de-orientacoes-em-defesa-da-saude-das-criancas-e-adolescentes-na-era-digital/>. Acesso em 3 out. 2016.

WIKIPEDIA. *Sobre definição para os termos nativos digitais e migrantes digitais.* Disponível em: <https://pt.wikipedia.org/wiki/Nativo_digital>. Acesso em 10. ago. 2018.

CAPÍTULO 9

# PAR OU ÍMPAR? A IMPORTÂNCIA DO BRINCAR NA RELAÇÃO PAIS E FILHOS.

MARIA APARECIDA FREITAS DE VILHENA

*"Como se fora brincadeira de roda...memória!*
*Jogo do trabalho na dança das mãos...macias!*
(GONZAGUINHA)

## INTRODUÇÃO

### Quanto tempo seu filho brinca por dia? E você, brinca com ele?

"Par ou Ímpar" é uma brincadeira simples, de sorte ou azar, usada para definir quem começa o jogo. Mais do que uma mera preparação, é uma espécie de ritual de iniciação, que aquece os participantes para o elemento surpresa que faz do jogo uma incerteza. Colocando-os em simetria perante o acaso e em compartilhada tensão entre os opostos, a sorte está lançada.

O brincar é uma atividade que perdeu lugar na vida moderna, mas que começa a ser reconsiderada contemporaneamente, por meio dos estudos e reflexões de pedagogos, psicólogos, médicos, filósofos, educadores, artistas e intelectuais em geral, preocupados com os efeitos do encurtamento do período de infância, principalmente nos grandes centros urbanos.

Nas classes menos favorecidas economicamente, a exposição a altos índices de violência e privações comprometem a expressão natural da infância e da fantasia, roubando-lhes o direito de crescer e amadurecer de acordo com suas necessidades e potencialidades. Na classe média, fatores como falta de espaço e de segurança nos ambientes públicos e privados, falta de tempo disponível dos pais, estimulação cada vez mais precoce da aprendizagem formal e do acúmulo de conhecimento e informação, tem levado boa parte das crianças a se verem sobrecarregadas de tarefas e igualmente privadas dessa atividade tão fundamental para o seu desenvolvimento integral.

Por outro lado, apesar de todas as restrições e impedimentos, é notável constatar como a criança inventa estratégias e aproveita qualquer oportunidade para brincar, concentrando-se em seu propósito, esticando o tempo, ignorando os comandos, distraindo-se dos deveres ou, até mesmo, brincando com eles, enfim, recolhendo-se a algum fio de sua imaginação, para fazer da brincadeira a coisa mais importante de sua vida.

Filmes como "Tarja Branca", de Cacau Rhoden e Estela Renner (2014) ou "Território do Brincar", de Renata Meirelles (2015) e livros como "Quer Jogar?" de Adriana Klisys e Carlos Dala Stella são belos exemplos da força do brincar e de algumas reflexões tão necessárias para o resgate desta dimensão extremamente significativa e enriquecedora da vida humana.

Neste capítulo, iremos abordar a importância crucial do brincar na relação entre pais e filhos, sua função estruturante no desenvolvimento infantil e na tarefa educacional dos pais, esclarecendo as nuances dessa atividade nos diversos períodos da infância. Os pais frequentemente se deparam com dúvidas e questionamentos sobre como brincar com seus filhos, que tipo de brinquedos oferecer, prejuízos do uso excessivo de brinquedos eletrônicos, entre outros. Ao elucidar os elementos constitutivos das brincadeiras, nossa ênfase recairá sobre o potencial criativo do brincar no intercâmbio emocional entre pais e filhos, salientando com isso, a natureza relacional do ser humano, as bases afetivo-emocionais do desenvolvimento psicológico, e o papel da família como lugar de descobertas, crescimento e individuação contínua para todos os seus membros.

## ORIGENS DO BRINCAR E O INTERCÂMBIO EMOCIONAL

O brincar pode ser considerado uma atividade instintiva, está presente nos animais de várias espécies e é também, um dos determinantes psicológicos do comportamento humano, de acordo com Jung, o psiquiatra suíço que definiu o inconsciente como potencialmente criativo (JUNG,1981). Ele considera o brincar uma das manifestações do impulso para a atividade, que adquire em nossa espécie, juntamente com o instinto de reflexão- um voltar-se para dentro- e com o instinto para a criatividade, uma importância fundamental no desenvolvimento do homem e de sua cultura.

Elemento universal, a brincadeira está presente em todas as culturas e em todos os períodos históricos conhecidos, portanto não pode ser reduzida a uma visão sociopsicológica ou a qualquer estágio da civilização (MENUHIM, 1992). Trata-se de um presente que a natureza nos deu. Como fenômeno fisiológico é uma forma de descarregar tensões e energia extra, por exemplo, através da experimentação, da imitação, assimilação, competição, e é também uma forma de autoafirmação e de realização de desejos. Como fenômeno psicológico, é considerado por inúmeros autores a maior fonte de desenvolvimento durante os anos pré-escolares, estimulando o desenvolvimento físico, afetivo-emocional, cognitivo e social da criança. Mas o brincar vai muito além da infância. O brincar é civilizatório e assim como os sonhos e a fantasia, é fonte e produto da experiência criativa no homem ao longo de toda a vida.

## COMO ELE SURGE E COMO SE MANIFESTA?

Um dos fatores que distinguem o bebê humano de outros mamíferos recém-nascidos é a sua capacidade de responder à interação humana de forma complexa, num grau de sensibilidade que os outros animais não têm. Somos os animais mais sociais que existem (GERHARDT, 2004). Porém, as capacidades sociais do homem existem apenas de forma rudimentar no nascimento. A parte de nosso cérebro responsável por essas funções, denominada córtex pré-frontal, não amadurece sozinha, precisa ser ativada e desenvolvida. Isto somente será possível através do intercâmbio emocional com um adulto, cuidador e humanizador.

Quando nasce, o bebê está à mercê de emoções básicas e intensas geradas nas camadas mais profundas e arcaicas do cérebro. Estas emoções são os nossos primeiros e principais guias para a ação, como, por exemplo, chegar perto ou se afastar das coisas. A regulação interna destas emoções irá ocorrer de acordo com a adaptação às condições externas que lhe forem apresentadas. As emoções básicas de satisfação são transformadas em sentimentos de prazer, felicidade e amor, os quais propiciam a vinculação com as pessoas. De maneira análoga, as sensações básicas de frustração são transformadas em sentimentos opostos de desprazer, raiva, infelicidade, desencadeando reações de evitação. Estas complexas emoções desenvolvidas *na interação humana* tomam forma psicológica na estrutura do cérebro. Através do desenvolvimento do córtex pré-frontal e de uma área ainda mais especializada dentro deste, chamada córtex orbitofrontal, desenvolvemos a capacidade de identificar sentimentos, desenvolver um vocabulário emocional, pensar sobre nossas emoções. É o córtex orbitofrontal que seleciona qual comportamento é socialmente aceitável. Por manter conexões com as áreas mais primitivas do cérebro, onde surgem as emoções, coloca um freio nos sentimentos, tornando-se capaz de inibir os impulsos. Isto é a base para a vontade, para o autocontrole e para a capacidade de empatia (GERHARDT, 2004).

É muito importante que os pais compreendam, portanto, que a capacidade da criança se conter, adquirir controle sobre seus impulsos e desejos, ser capaz de adiar a gratificação, entender a necessidade do outro, não acontecem naturalmente e da noite para o dia, com a mera repetição dos ensinamentos. Dependem sim de um amadurecimento no cérebro durante toda a primeira infância que só se dá a partir do relacionamento humano afetivo ao seu redor.

## COMO O BRINCAR SE INSERE NISTO?

O vínculo amoroso formado pela expectativa do bebê com o meio ambiente receptivo e acolhedor contém, desde o início, em sua natureza criativa, o potencial para o brincar.

Observamos sua manifestação primária, já nos primeiros meses de vida, nas iniciativas de exploração do próprio corpo, do corpo da mãe, e dos objetos que o cercam. Imaginemos o bebê com 3 ou 4 meses, explorando o rosto da mãe enquanto mama. Brinca com o cabelo, tenta pôr o dedo na orelha, no nariz, eventualmente na boca. Sente os dentes. Um momento depois a mão dele vai para sua própria boca. Sem dentes? Esta forma de brincar inicia o processo de descoberta e comparação (DAVIDSON, 1988). Essas experimentações sensório-motoras estão carregadas de informações perceptuais e significados emocionais, que começam a se ligar e vão constituir as bases do sentimento de si-mesmo, e da posterior diferenciação eu-outro, tão importante para o desenvolvimento da consciência.

Nestes primórdios, brincar e experimentar são uma coisa só. Aos 2 meses, por exemplo, o bebê já começa a emitir sons e a desenvolver um pequeno repertório de expressão oral, que dará início ao diálogo vocal na relação mãe-filho, criando toda uma prosódia, base da comunicação significativa e do futuro desenvolvimento da linguagem. A mãe imita os sons do bebê, devolvendo-lhe a vez. O bebê torna a emitir seu próprio som;

a mãe torna a imita-lo, mas desta vez acrescenta uma nova entonação ou novo som; o bebê parece mais atento e repete, mas, agora, de forma um pouco diferente ou quem sabe até parecida com o novo som da mãe. A mãe dá uma risada, surpreendida com a capacidade de seu bebê conversar, e continua feliz o jogo da imitação e criação de novos diálogos.

Quando o relacionamento dos pais com o bebê é prazeroso, eles estão desenvolvendo o córtex pré-frontal do bebê: suas capacidades de autorregulação e de interações sociais complexas. As primeiras fontes de prazer são: cheiro, tato e som. Os bebês reconhecem a voz dos pais rapidamente e as preferem a outras. Ser carregado com amor é um enorme estímulo para o desenvolvimento. O colo é seguro, quente, os músculos podem relaxar, a respiração pode se aprofundar, a tensão se dispersa. O ritmo do coração do bebê sincroniza-se com o da mãe ou do pai. Se a mãe ou o pai estão relaxados, o bebê também fica. O sistema nervoso autônomo deles se comunica com o sistema nervoso do bebê. Essa satisfação profunda com o contato permanece na vida adulta (GERHARDT, idem).

Outra cena: o bebê começa a procurar com o olhar o rosto da mãe que cantarola uma canção. Quando os olhos se encontram, a mãe sorri e arregala os olhos de alegria e encantamento pelo encontro. O bebê olha atento, fixo, por alguns segundos, suficientes para a mãe sentir e se perguntar: 'Como ele presta atenção! O que será que está se passando dentro dele enquanto me olha assim?' Provisoriamente a mãe "empresta" um significado e pensa ou fala por ele: 'Você está olhando a mamãe? Está me estranhando? Está achando algo diferente no rosto da mamãe? A mamãe está muito feliz, eu estou cantando!'

A visão tem um papel fundamental nos relacionamentos e o contato visual torna-se uma fonte de informação sobre as intenções e os sentimentos das outras pessoas. A face dos pais é um guia e uma referência social e a criança usa este conhecimento para checar o que fazer e o que não fazer, o que sentir e o que não sentir, usando a expressão facial dos pais como fonte de informação. Segundo Shore, os olhares e sorrisos ajudam o cérebro a se desenvolver. Os olhares positivos são os estímulos mais vitais para o desenvolvimento da inteligência social e emocional. O olhar da família é disparador de processos bioquímicos prazerosos que ajudam o cérebro social a crescer (GERHARDT, idem).

Brincar com o olhar, com os sons, com a voz, com os gestos, toque, paladar. Nomear sentimentos e emoções. A mãe leva algo novo para o bebê, e permite que o bebê traga algo novo para ela, ao qual ela responde e aguarda a vez do bebê, e assim sucessivamente. Vemos assim o jogo da relação interpessoal- um interjogo- nos seus primórdios, onde por um lado, cada um é um, tem sua vez, é ímpar, mas ao mesmo tempo, juntos, formam uma parceria afetuosa, um par suficientemente afinado, que por sua vez, dará origem a um terceiro entre eles que é a brincadeira em si, co-criada por ambos.

## SINTONIA AFETIVA E O BRINCAR COMPARTILHADO.

No início da vida, o brincar é auto expressão, a totalidade original do bebê, expressando a si-mesma. O bebê não pensa para brincar, isso acontece. Da mesma forma que um sonho 'acontece' para nós (DAVIDSON, 1988). Porém, a criança já nasce com uma individualidade própria, um jeito único, de expressar suas necessidades, de manifestar seus anseios e preferências, de procurar 'o outro' (objeto), desde as primeiras semanas de vida. O bebê não é um papel em branco a ser preenchido. É um ser ativo, tomando forma de algo que já está contido potencialmente no que chamamos de seu *Self Primário*, ou totalidade original, que virá à luz para ser desenvolvido e lapidado. Para tanto ele precisa encontrar o terreno fértil da mãe ou cuidador, disponível e capaz de lhe dar afeto e continência. A mãe que observa e entende que seu bebê já é um outro, mesmo formando uma unidade inicial com ela, permite que ele se sinta percebido desde o início naquilo que lhe é mais espontâneo, genuíno e natural.

Apesar da enorme dependência que caracteriza o primeiro ano de vida, os bebês são capazes de brincar sozinhos, com seus móbiles, chocalhos ou seu corpo, por um curto período, às vezes até sinalizando esta preferência. É que a presença do outro pode eventualmente trazer uma sobrecarga de estímulos, interferindo no tempo e ritmo de suas descobertas e experimentações. Se o bebê está tranquilo, ser deixado um pouco a sós, com o olhar delicadamente supervisionado da mãe, favorece o contato com os movimentos mais espontâneos de seu próprio *Self*- seu *Si-mesmo*- tão importantes para que ele descubra a sensação de estar bem na própria pele. Contudo as diferenças individuais de cada bebê precisam ser respeitadas; alguns demandam mais atenção e companhia que outros.

No início há muito ajuste entre a mãe e o bebê; as expectativas são recíprocas; a descoberta do encaixe é intensa para ambos. A mãe como adulto, com seu ego mais amadurecido, suporta as angústias e tensões do bebê e do campo relacional: como ele pega o bico do seio, como mama, como evacua, como dorme etc., e vai aos poucos, digerindo e organizando essas experiências, devolvendo-as ao seu bebê com um sentido, uma compreensão, que o acalma e o ajuda a se descobrir e se conectar consigo mesmo. Isto por sua vez, fortalece a autoestima e o sentimento de competência da mãe, que se sente mais segura, transmitindo essa tranquilidade para o filho, que também se sentirá mais seguro, formando-se assim um círculo virtuoso. Por vezes a sintonia falha, o desajuste surge, o par não se entende, gerando desconforto e insegurança; a tensão aumenta, a angústia e o medo tomam conta, o caos se reinstala, um abismo parece se abrir entre expectativa e realidade. O bebê chora e algumas vezes os pais choram junto, de desespero. Esses momentos são inevitáveis e não trarão maiores consequências, se não forem predominantes na vida do bebê. Logo suas angústias serão novamente aplacadas pela atitude empática dos pais, e suas necessidades suficientemente atendidas. Aos poucos a criança aprende a suportar esses intervalos de frustração e raiva, pois está confiante o suficiente na restauração de seu bem-estar. Esta é a base para o desenvolvimento da compreensão e da tolerância, para com os outros e para consigo mesmo.

Muitas vezes dentro do próprio universo caótico, surge o brincar, como um movimento de autorregulação espontâneo.

Em meio ao choro, aparece uma risada, algo engraçado, que alivia as tensões e faz o dia novamente clarear. Nessas horas, parece que um anjo caiu do céu. Como se algo alheio às próprias forças surgisse do nada para nos salvar. Na realidade, via de regra, essa ajuda vem do próprio humor, um estado de espírito, que nos capacita perceber e deixar se manifestar o lado cômico e divertido da vida e das coisas. O palhaço é uma deliciosa representação desse espírito.

Brincar na hora de mamar. Na hora de trocar a fralda e a roupa, de dar banho, de dar remédio. Na hora de preparar para dormir, de ninar. Na hora de acordar, de tomar sol ou de tomar vacina. Ao brincar com situações repetitivas e corriqueiras, mas que costumam ser cansativas, às vezes extenuantes, difíceis, dolorosas, cria-se um campo para sair da oposição tudo ou nada, bom ou ruim, paraíso ou inferno, que caracteriza a vivência da criança, e inclui-se um novo ingrediente, um terceiro elemento, que muda o foco, ativando a curiosidade e a possibilidade de enxergar a situação de modo novo, diferente.

Isto se aplica também à criança mais velha, de dois, três, quatro anos, que é capaz de entender cognitivamente que existe horário para as coisas, que a rotina e o planejamento são importantes mas ao mesmo tempo ainda não tem um controle inibitório dos impulsos e desejos suficientemente amadurecido, e precisa de ajuda para lidar com as frustrações. Não se trata de enganar a criança ou querer mascarar o dilema com uma falsa alegria, negando a situação difícil. É importante que os pais primeiro empatizem com a criança, reconheçam a dor e a frustração, estejam conectados com o conflito que se apresenta e, se possível, o nomeiem para a criança e, ao mesmo tempo, a ajudem a não ficar imersa nele, buscando uma solução conjunta, no caso da brincadeira, um modo mais leve e divertido, de lidar com a situação... Por exemplo, "eu sei que você gosta muito de brincar de zoológico e que não queria interromper a brincadeira pra tomar banho, estava tão gostoso, não é? Fazer o quê...agora é hora do banho mesmo. Eu tenho uma ideia: que tal a gente imitar o canguru e ver quem chega pulando primeiro no chuveiro?" Se a situação se repetir no dia seguinte, pode-se relembrar o dia anterior lançando um novo desafio: ontem o canguru filho chegou primeiro, e se hoje for o cavalo, ele vai ser mais esperto?

Construir um elo entre a experiência anterior e o momento atual ajuda a ir formando uma estória compartilhada das brincadeiras, que ancora os altos e baixos, alegrias e tristezas e dá um sentido histórico ao aprender. Além disso, o brincar contém um elemento ritualístico importante. Geralmente criamos um ritual de entrada e um de saída. Nas atividades com bebês isto é mais sutil- às vezes apenas um tom de voz demarcando a disponibilidade para brincar e deixar de brincar; com os mais velhos os rituais costumam ser mais elaborados, como nas atividades preparatórias e finalizadoras dos jogos estruturados, muitas vezes constituídas da organização do espaço, dos objetos, materiais ou brinquedos, do estabelecimento de metas a serem atingidas. A demarcação do tempo também costuma estar presente. Todos estes cuidados, ajudam a dar continência ao brincar. A criação de um contexto apropriado é essencial para o sentimento de segurança e liberdade que facilitam a emergência da criatividade. Neste sentido, explicitar para a criança as condições e circunstâncias onde a brincadeira irá ocorrer é necessário. Se ela puder participar da elaboração do ritual, melhor ainda. Isso ajuda a equilibrar as necessidades e conciliar o tempo das coisas. Uma atitude empática dos pais nessa hora também faz a diferença. Rigidez demais cria ressentimentos. Liberdade demais gera ansiedade, dificuldade de concentração e de escolha. Ter flexibilidade dentro da responsabilidade do comando, propiciando um certo espaço de manobra para negociar regras e condições ou abrir exceções, é valioso, pois leva em conta as necessidades individuais e as circunstâncias do momento, gerando um sentimento de respeito, tolerância e consideração. Isto é importante para os próprios pais, que precisam se levar em conta e cuidar simultaneamente de si mesmos, conectando-se com suas demandas internas e externas.

O brincar reativa nos pais a criança interior. Possibilita-lhes rever a própria infância, suas dores e amores. Sentimentos de inveja, rivalidades e ciúmes, competição, solidão podem emergir, juntamente com sentimentos de amor, alegria, prazer, sentir-se acompanhado, valorizado, ao lembrar de cada presente que ganhou, de cada brincadeira e sua respectiva estória.

Essas experiências vivas, cheias de alma, entre pais e filhos, de descobertas e aprendizados mútuos, geram intimidade psicológica, isto é, a capacidade de conviver e compartilhar sentimentos e emoções, dentro de um vínculo de confiança com o outro e com o próprio *Self,* essa instância mais profunda, original e abrangente de nosso psiquismo. A criança aprende a confiar no próprio *Self* através dos pais.

## CONTRIBUIÇÕES DO BRINCAR NO PERÍODO DE 2 A 7 ANOS. O desenvolvimento da imaginação.

Aos poucos essa confiança vai sendo internalizada como padrão de relacionamento e a criança descobre que pode estar só, emocionalmente, porque está acompanhada destas representações internas.

Uma das experiências mais importantes para o desenvolvimento psicológico do indivíduo, que ocorre entre o primeiro e segundo ano de vida, é a descoberta da relação eu-outro, isto é, a percepção de que ele e sua mãe são duas pessoas separadas, com vidas próprias. Esta percepção começa a se formar ao redor dos 8-9 meses, com a chamada angústia de separação, a experiência de ir sentindo sua mãe como independente dele. Aos poucos esta percepção vai se ampliando até surgir um pequeno núcleo de ego, um sentimento de 'eu', separado de sua mãe, entre 18 e 24 meses, paralelo ao desenvolvimento da linguagem e à capacidade de referir-se a si mesmo na primeira pessoa.

Esta percepção, porém, não significa que ele esteja independente de fato, mas sim separado, de modo que ficar muito tempo longe dela ainda é fonte de ansiedade. Nesse momento surge *o fenômeno transicional*, e o famoso *objeto transicional*, conhecido popularmente como *objeto intermediário*, que exercerá justamente a função de ligação entre a criança e seu cuidador primário. Freud observou um menino de 1 ano e meio de idade que, quando sua mãe se ausentava, ficava horas brincando com um carretel de barbante que ele jogava para longe e depois puxava para perto de si, lançava e puxava. Ele viu nessa brincadeira as tentativas da criança de elaborar internamente a ausência-presença da mãe. Quando lançava, exprimia o sentimento de vê-la indo embora, quando puxava, expressava o sentimento de poder tê-la de volta. Essa experiência está na base de muitas de nossas vivências ao longo de toda a vida: separar e unir, perder e recuperar, estragar e restaurar.

No início os bebês usam os brinquedos como se estivessem fusionados com a mãe, não são percebidos como objetos separados, como as naninhas e chupetas, por exemplo. Agora é diferente, o *fenômeno transicional* inicia a primeira experiência profundamente sentida do brincar. A criança elege um brinquedo que a acompanhará onde quer que esteja, pois está investido de um significado especial, como se ela o tivesse criado. Geralmente representa experiências compartilhadas com a mãe, mas com seu 'toque' ou uso particular. Pode ser uma boneca, um carrinho, um bichinho de pano ou até mesmo o famoso 'cobertorzinho', como o do personagem *Linus*. Ele é designado objeto transicional pois representa em parte, o mundo interno da criança e em parte o mundo externo da mãe/cuidador. Portanto, "jamais está sob o controle mágico como o mundo interno, nem tampouco fora de controle, como a mãe real" (WINNICOTT, 1975, p.24). O objeto transicional é uma combinação muito própria e particular desses dois componentes, a realidade interna e a realidade externa. O objeto será *usado "como se"* fosse a mãe ou algo dela ou *"como se"* fosse ele próprio ou parte dele. (WINNICOTT, 1975).

Cada criança carrega dentro de si, a estrutura para desenvolver uma imagem dos pais internamente. Por ter experimentado a mãe/pai bons o suficiente (sinônimo de mundo bom o suficiente), ela pode prescindir temporariamente dos pais concretos e principalmente, pode recriar estes pais dentro dela, de acordo com suas necessidades e anseios particulares. Esta é a fonte da criatividade. Crianças que sofrem danos precoces, perdem esta confiança básica e encontram dificuldades para se abrir à dimensão simbólica, para imaginar. A representação dos pais internamente fica danificada. "Estes dois conceitos, o ambiente externo e o mundo interno, precisam ser compreendidos para podermos entender o brincar e o crescimento da imaginação" (DAVIDSON, 1988, p.76).

Este período, entre dois e sete anos de idade, caracteriza-se por uma grande efervescência do mundo da fantasia, dos contos de fadas e super-heróis. Essa possibilidade de entrar no mundo do 'faz de conta', é um dos aspectos atraentes e fascinantes dos jogos de fantasia e imaginação. Dentro do campo lúdico, temos a liberdade de experimentar papéis, viver aventuras, enfrentar monstros e leões, exprimir nossas emoções, sem a preocupação da concretização de tudo isso na vida 'real'. Estamos ancorados e protegidos pelo contexto simbólico. Há um espaço imaginário em nossa mente, uma espécie de palco ou teatro onde nossos temas e questões podem ser encenados sem medo, pois estão contidos nesse laboratório da mente.

O *espaço transicional* é, portanto, esta área intermediária entre mundo interno e externo. O menino ao brincar com seu carrinho, faz de conta que é o *Relâmpago McQueen* e pode treinar, correr e fazer manobras espetaculares dando vazão ao herói dentro dele que se supera a cada nova investida. Ao mesmo tempo, na eventualidade do carrinho quebrar, sair da pista, machucar alguém, ele pode fazer de conta que foi para o mecânico ou para o hospital, criando uma solução que integre suas necessidades internas e as condições que a realidade externa impõe.

Esta área intermediária será sempre um espaço potencial para a solução criativa de suas experiências. Um menino de quatro anos, suado ao final do dia de tanto jogar bola, recusava-se a ir tomar banho. Quando viu sua mãe, iniciando os preparativos com uma massagem em seu irmão mais novo, começou a chamá-la para tomar banho e a choramingar. Sua mãe tentou acalmá-lo, enquanto terminava de trocar o mais novo. Ele ficou mais irritado e choroso. Quando finalmente ela pode lhe dar toda a atenção, comentou: "Hum, acho que sei o que é isso: um ciúme do tamanho da lua! (que estava bem cheia do lado de fora da casa.) Ao que ele imediatamente respondeu: Não mamãe, errou! É do tamanho de Júpiter!

Isto é o que chamamos de *função de simbolização*. A criança é capaz de produzir imagens que representam suas experiências. Surgem, por exemplo, os primeiros rabiscos, as garatujas ou os primeiros círculos. A intensidade e o ritmo do lápis na folha, as cores que utiliza, as formas que surgem, os comentários e associações livres, tudo isto está carregado de significados e representações que devem ser acolhidos e estimulados pelos pais e cuidadores. Podem ser imagens corporais: gestos, posturas, movimentos, falas, cantos; imagens verbais: estórias, devaneios, piadas, charadas, sonhos; imagens plásticas: pintura, argila, desenhos, colagem, entre outras. Todas estas expressões têm um enorme poder estruturante. Fazem desabrochar suas potencialidades, dão voz às emoções, ajudam a descobrir habilidades e competências, favorecendo o desenvolvimento da consciência e do ego da criança, assim como suas relações interpessoais e sociais.

Pouco a pouco a criança vai ganhando domínio de si e do mundo que a cerca. Ao mesmo tempo que quer se afirmar, fazendo valer suas vontades, tenta assimilar as demandas externas, adaptando-se a elas, acomodando-as da melhor maneira possível. Quando brinca de escolinha e dá os parabéns pela lição de casa ou brinca de boneca e dá bronca no bebê por algo errado que ele fez ou acalma seu choro por ele ter se assustado com o cachorro bravo, está representando papéis do mundo adulto, de acordo com suas identificações. Os pais muitas vezes se surpreendem ao ver os filhos reproduzindo seus próprios comportamentos na brincadeira (filhos são ótimos espelhos!). Isto demonstra o quanto a criança está internalizando o ambiente externo, as regras sociais, exigências, limitações. Por outro lado, quando, depois de dar o castigo ao bebê, ela o consola e o leva para passear, pode estar atendendo a suas demandas internas de reparação. Ou quando ao invés de acalmar o bebê assustado com o cachorro, ela acentua o medo, fazendo surgir um outro cachorro mais bravo ainda, ela pode estar tentando elaborar seus impulsos agressivos.

A brincadeira é um veículo para a comunicação significativa, por meio do qual a criança exprime seus anseios e temores, ódios e amores, de uma maneira que pode ser mais ou menos direta. Há que se apurar o olhar para perceber a riqueza e importância dessa comunicação. Geralmente quando brinca, ela exprime uma forte sensação de onipotência devido à natureza reduzida dos brinquedos, sobre os quais pode exercer seu controle (FORDHAM, 1994). Eventualmente, pode surgir uma situação tão intensa e perturbadora que a deixa paralisada e impotente, resultando na interrupção da brincadeira, que poderá ou não ser retomada posteriormente.

"A brincadeira criativa normalmente requer que outras pessoas- em especial os pais- a apreciem. Se isto não acontecer, a criança pode ficar triste ou até deprimida, zangada ou desesperada." (FORDHAM, 1994, p.26). Às vezes a criança necessita de uma apreciação passiva, a simples presença, atenção e curiosidade são suficientes. Outras vezes ela requer uma participação mais ativa dos pais ou adultos ao redor. Quando os pais entram na brincadeira, a imaginação cresce, e um outro mundo de possibilidades se abre. A criança pode inventar suas próprias soluções.

No início esta atividade é autocentrada, a criança quer que o outro desempenhe um papel que representa parte de seu *Self*. Geralmente ela indica como você deve participar da brincadeira e não aceita muitas interferências. Por exemplo, o pai é o lobo e tem que ser bem bravo, ela é o caçador. Ou um é a fada e outro a bruxa, mas não muito má. Essas representações são necessárias para que as polaridades emocionais (bem e mal, alegria e tristeza, medo e coragem etc.) sejam conhecidas e experimentadas em terreno seguro. É muito importante deixar que a fantasia siga seu próprio caminho. Esse momento do brincar de faz de conta, transporta a família para um outro tempo, o do "era uma vez", que remonta à magia, ao mistério e coloca o viver em uma experiência que vai além da realidade concreta dos fatos. É nesse contexto que podem surgir ideias originais e criativas.

As ilusões e idealizações são naturais num primeiro momento, e têm a função de gerar expectativas positivas e a crença na capacidade do bem vencer o mal, do herói sair vitorioso, experiências que propiciam o crescimento e fortalecimento do ego e da consciência. As desilusões terão sua função estruturante, no seu devido tempo, naturalmente. Vejo pais preocupados em mostrar a realidade e dar limites muito cedo para a criança, para evitar criar um mundo cor de rosa, que não corresponda à realidade ou com receio de criarem filhos tiranos e onipotentes que irão dominá-los, mas podem estar dando um tiro pela culatra. Forçar um amadurecimento pode ser tão nocivo quanto proteger em demasia. A criança muitas vezes insiste numa versão mais fantasiosa ou mitológica dos fatos, ao invés da verdade factual. Querem continuar acreditando em Papai Noel e Fada do Dente em Bicho Papão e Saci Pererê. Se ficarmos atentos a suas perguntas e questionamentos, saberemos o melhor momento de conversar francamente sobre o assunto. Por melhor intencionados que estejam os pais às vezes se enganam ao projetarem nos filhos seus próprios anseios e temores. Por isto, lidar com a potência e a frustração dos filhos é conhecer as próprias potências e limitações. Isto também se descobre brincando.

Para o adulto, brincar com a criança é poder experimentar 'sair do controle' parcialmente. Estar aberto para o que se revela inesperadamente, o que desorganiza a consciência, mas não necessariamente a desintegra. Pode ser o caminho da renovação. Desaprender e reaprender. É difícil viver o caos que a brincadeira às vezes traz. Permitir-se entrar em contato com as incertezas, angústias e ambivalências, requer uma disponibilidade, capacidade de continência, autoconfiança. Requer e ao mesmo tempo incita, o conhecimento de si e do outro.

## HORA DA ESCOLA, E AGORA? O BRINCAR DOS 7 AOS 12 ANOS.

O início da escolarização formal é um marco na vida da criança e na vida familiar. Muitos ganhos e aquisições importantes chegam, como aprender a ler e fazer contas. Mas algumas perdas significativas acontecem. A diminuição do tempo e espaço para brincar é uma delas. Se a transição puder ocorrer de forma gradativa e suave, haverá mais chance de integração entre a chegada da ciência e o mundo da imaginação.

De várias maneiras, a criança já experimentou mudanças anteriormente. Já viveu alguns lutos, inerentes ao crescimento contínuo. O peito da mãe, a mamadeira, a chupeta. Abriu mão de objetos de estimação, de brinquedos velhos que trocou por outros mais elaborados. Talvez já tenha caído um dente, provavelmente já tenha ficado doente. Abriu mão do lugar onipotente e autocentrado, já sofreu desilusões. Mas é quase certo que em todos esses momentos, na alegria e na tristeza, o brincar lhe acompanhou. Foi um fiel companheiro, que muito a amparou. Que lugar ele terá nesta nova configuração?

“Há uma evolução direta dos fenômenos transicionais para o brincar, do brincar para o brincar compartilhado e deste para as experiências culturais” (WINNICOTT, 1971, p.76).

Aos poucos, o fascínio e a predominância do mundo da fantasia cedem lugar à curiosidade sobre o mundo da realidade objetiva e do outro. Cognitivamente a criança entra no período das operações concretas e torna-se capaz de pensar de forma lógica. As brincadeiras ficam mais estruturadas. Jogos de tabuleiro, estratégia e raciocínio ganham vez. Paralelamente há uma ampliação no domínio das habilidades motoras, corporais, espaciais, que favorecem os jogos esportivos e a socialização. O grupo de relacionamentos se ampliou, o contato com mais professores, diversos grupos familiares e culturais desperta o interesse pelo coletivo e pelos valores sociais. O brincar deixa de ser autocentrado para ser mais altruísta e compartilhado.

Embora a criança agora tenha outros espaços e novos parceiros para a vivência do lúdico, a participação dos pais nessas novas atividades é uma excelente oportunidade de descobertas e redescobertas. Os pais podem aprender brincadeiras mais atuais com os filhos, os filhos podem conhecer velhas brincadeiras da infância dos pais. Compartilhar o universo dos videogames e jogos eletrônicos é importante para os pais entenderem e assimilarem os símbolos da nova geração e sentir mais de perto o potencial criativo ou destrutivo dessa nova linguagem. Convidar os filhos e seus amigos, para brincar à moda antiga resgata valores históricos, amplia os horizontes, fortalece o sentimento de identidade e pertencimento, tão importantes nessa etapa do desenvolvimento.

A preocupação excessiva de pais e educadores com os estudos escolares e ensinamentos formais nessa fase, pode comprometer seriamente o impulso para o conhecimento, chamado *impulso epistemofílico*, que surge naturalmente na criança ao redor de quatro, cinco anos, mas ganha dimensão encorpada com o início da alfabetização. O interesse pelos estudos deve estar pautado na curiosidade natural e no desejo genuíno de conhecimento. Aprender brincando faz muito mais sentido. Professores criativos têm mais sucesso em capturar a atenção de seus alunos. Os que têm mais conexão com o afeto e mais entusiasmo com a matéria, também. Reservar tempo para o lúdico em meio às novas demandas e responsabilidades é importantíssimo para a digestão de tantos conteúdos e novas informações. Momentos de repouso e quietude ou descontração, são fundamentais para a elaboração e sedimentação do conhecimento. O brincar criativo carrega em si a própria capacidade de autorregulação.

## CONSIDERAÇÕES GERAIS

Infelizmente nossa prática clínica está repleta de situações em que as crianças parecem ter perdido o interesse e a confiança no mundo adulto e na natureza, as esperanças e a conexão com seus próprios sonhos e potencialidades. De diferentes maneiras elas expressam seu medo de crescer e não terem mais o direito de brincar e ser feliz. Geralmente estão inseridas num contexto familiar e social enrijecido ou desvitalizado, onde os impulsos para atividade, reflexão e criatividade, estão desconectados ou pouco articulados.

A psicoterapia analítica com crianças procura ajudar indivíduos, filhos e muitas vezes pais, a recuperar os processos integrativos. A ludoterapia baseia-se na concepção do brincar como a linguagem por excelência do período da infância, por meio da qual a criança explora o mundo, descobre a si mesma, se expressa e se relaciona com o outro. Nessa linha, o encontro analítico se dá através da interação das duas áreas lúdicas, a disposição do terapeuta e a do paciente para brincarem. Os pais muitas vezes nos perguntam: "mas meu filho só fica brincando aqui na terapia? Ele não te conta as coisas?" Procuro esclarecê-los que essas coisas acontecem juntas. Por vezes, convido-os a participar de algumas sessões, brincando com seu filho. É surpreendente observar as mudanças que começam a acontecer a partir dessa vivência. Espero que as considerações aqui expostas ajudem a clarear um pouco mais a importância do brincar.

Melanie Klein, Winnicott, Jung, Piaget, de maneiras diversas, entre muitos outros, trouxeram grandes contribuições à clínica do brincar. Dora Kalff, discípula de Jung, criou há algumas décadas o método denominado *Sandplay Therapy*, baseado na construção de imagens e cenários com (ou sem) miniaturas na caixa de areia. Pensado inicialmente para o atendimento de crianças, revelou-se uma potente abordagem nos processos terapêuticos de adolescentes e adultos igualmente.

O brincar tem diferentes significados em diferentes épocas da vida. Mas em todas elas, trata-se de uma predisposição para brincar, de uma atitude, de poder se sentir brincante na vida.

Brincar não é só alegria; muitas vezes também é dor. O prazer de brincar se dá porque ele é transformador. A mente brincante leva-nos a brincar com os símbolos e nos transporta para um outro universo, onde 'esquecemos' do tempo lógico e nos transportarmos para o tempo mítico do "era uma vez", de onde regressamos renovados.

O colo-mente-corpo dos pais, com seu afeto, atenção, interesse e disponibilidade, constela uma espécie de playground, uma área do brincar, onde a criança experimenta, dinamiza e humaniza os opostos arquetípicos de seu mundo intrapsíquico e interpsíquico. Nesse campo emocional da relação interpessoal, ela integra seu sentir e seu pensar, fortalecendo sua individualidade e ancestralidade, inserindo-se de modo gradual e singular no coletivo.

Os pais, por sua vez, ativam internamente o arquétipo da criança e descobrem uma alegria escondida, uma espontaneidade ou esperança perdidas, e reanimam-se. Ser surpreendido nos coloca mais em contato com o *Self*, a totalidade do nosso ser e do mundo, que pode nutrir e ampliar a experiência do viver. Dispor-se a brincar é permitir-se ser levado pelo impulso criativo primordial, que coordena o processo de individuação ao longo de toda a vida. Avós que brincam com seus netos mantêm seu cérebro mais ativo e capaz de gerar novas conexões neuronais. Idosos com bom humor e fantasia vivem mais ou melhor.

Brincar é uma via de mão dupla, é PAR e ÍMPAR!

> *Vai o bicho homem fruto da semente, renascer da própria força, própria luz e fé, entender que tudo é nosso, sempre esteve em nós.*
> *Somos a semente ato, mente e voz.*
> (GONZAGUINHA)

## REFERÊNCIAS BIBLIOGRÁFICAS


DAVIDSON, D. *Playing and The Growth of Imagination.* In SIDOLI, M. e DAVIES, M. Jungian Child Psychotherapy. London: Karnac Books, 1988.

FORDHAM, M. *A Criança como Indivíduo.* São Paulo: Cultrix, 1994.

GERHARDT, S. *Why Love Matters.* London e New York: Routledge, 2004.

JUNG, C.G. *The Structure and Dynamics of The Psyche*- CW 8, Part II. Princeton: Princeton University Press, 1981.

KLISYS, A. e DALA STELLA, C. *Quer Jogar?* São Paulo: Edições SESC, 2010.

MENUHIM, J.R. *Jungian Sandplay: the wonderful therapy.*

London e New York: Routledge, 1992

WINNICOTT, D.W. *O Brincar e a Realidade.* Rio de Janeiro: Imago, 1975.

FILMES:

*Tarja Branca,* de Cacau Rhoden e Estela Renner, 2014.

*Território do Brincar,* de Renata Meirelles, 2015.

MÚSICA:

*Redescobrir,* de Gonzaguinha. 1981

CAPÍTULO 10

# VÍNCULO AFETIVO: O PROPULSOR DA VIDA"

ANGELA SCUOPPO

As ideias de que uma criança não estaria por si só preparada para a vida, e que deveria ser compreendida em suas singularidades, impulsionaram os primeiros estudos sobre a infância e uma ampla reflexão sobre responsabilidade e o papel da família.

Hoje observamos um interesse cada vez maior dos pais em compreender como o desenvolvimento da criança ocorre, de que forma e em que medida a herança genética e o ambiente o influenciam. Embora estejamos todos sob o forte impacto do hedonismo, do consumismo e do deslumbramento tecnológico, observamos os pais cada vez mais comprometidos com o presente e o futuro da criança, desejosos de informações e orientações que promovam uma vida saudável e feliz.

Como se propõe neste artigo, vamos refletir sobre as bases capazes de sustentar o desenvolvimento de uma criança. Vamos refletir sobre a construção de laços e de vínculos afetivos como propulsores da vida.

Em nosso país ainda enfrentaremos, por algumas gerações, enormes desafios nas áreas educacionais e socioeconômicas que envolvem a saúde e o bem estar da criança. Em muitas regiões do Brasil temos como desafio superar a alta taxa de mortalidade infantil, o risco da violência - muitas vezes dentro da própria família, independente da classe social - a desnutrição e a falta de escolas e instituições de apoio à criança e à família.

Entretanto, considerando as diferenças socioeconômicas, que determinam as oportunidades, que privilegiam algumas e que sacrificam muitas, toda criança necessita de um núcleo familiar ou institucional, que atenda a suas necessidades humanas básicas, para que possa sobreviver e desenvolver seu potencial.

Temos vivido mudanças significativas na visão do que é a saúde mental da criança. Qual o valor das primeiras experiências entre a criança e os pais, que constituem oportunidades de construção de laços e de vínculos afetivos? Além da carga genética, quais aspectos importantes influenciam a conquista e o desenvolvimento das habilidades cognitivas e sociais de uma criança e seu equilíbrio emocional?

Ao me dirigir aos pais neste artigo incluo todos aqueles que abraçam a responsabilidade de cuidar de uma criança. Talvez ainda falte em nosso vocabulário a palavra ou expressão, que possa dar sentido e substituir o que na história da humanidade compreendemos e descrevemos como mãe e pai.

Como psicóloga clínica, trabalho com crianças, adolescentes e famílias, cuja composição, expressão e vivência extrapolam essa dualidade. Tenho convivido com crianças que tem mãe e pai, crianças que tem duas mães, outras que tem dois pais, outras que tem dois pais e duas mães e aquelas crianças que chamam seus cuidadores pelos seus nomes próprios ou apelidos. São famílias de composições variadas, são famílias reconstituídas, famílias adotadas, famílias agregadas. Há pais que estão presentes desde a concepção e também aqueles que assumiram o cuidado de uma criança após o nascimento e muitos que o fizeram quando a criança tinha 5 ou 6 anos.

Em passado não tão distante, as ideias de continuidade, as ideias de enriquecimento, a fantasia da imortalidade e o desejo da felicidade eram os principais fatores que influenciavam na decisão de ter filhos.

Hoje, a idade reprodutiva, a estabilidade do relacionamento, o equilíbrio entre a vida profissional e financeira, e a realização pessoal é que influenciam. Muitas mulheres se referem à diferença entre desejar ser mãe e apenas ter um bebê. Outras se referem à complexidade da decisão que, no passado, se traduzia por um simples "nasci para ser mãe" ou "tenho um dom para ser mãe".

Mesmo com tantas publicações que tentam informar os futuros pais, prevalecem os questionamentos sobre o que fazer ou não fazer com um bebê, o porquê muitas coisas não dão certo para todas as crianças, o porquê algumas crianças não reagem ou não se desenvolvem, como é esperado? Como cuidar simultaneamente de duas ou três crianças?

De fato, do ponto de vista psicológico, ter um bebê é diferente de ser mãe, de ser pai ou de ser um cuidador comprometido. Os pais cedo ou tarde, descobrem que a criança não é um pedaço de si mesmos, não será como foi idealizada, não pode ser fonte de realização, não é garantia de continuidade de um nome ou uma empresa familiar e não pode ser um antídoto para a solidão.

O que motiva uma mulher, muitas vezes, a desejar um filho tem relação com a própria biologia e a psique feminina, uma vez que a estimulação hormonal e psíquica está fortemente presente na idade reprodutiva, que hoje se estende para além dos 40 anos.

O que desestimula o desejo de ter um filho gira em torno do medo de uma situação socioeconômica instável ou comprometida, do medo da responsabilidade, do desejo da conquista ou manutenção da estabilidade profissional e financeira e do desejo de manter-se livre de compromissos, aberto a oportunidades.

Observamos, também, um desejo genuíno de ter um filho, presente em mulheres que não pretendem construir relações heterossexuais. Nos últimos anos, tenho acompanhado homens solteiros e casais homossexuais com desejo consistente e maduro de cuidar de uma criança. Isto parece apontar para o fato de que a motivação para ter e cuidar de uma criança extrapola descrições e crenças baseadas no binômio masculino/feminino, na consanguinidade e em tantas outras categorias e alegorias.

Podemos pensar que vivemos um momento evolutivo em que a consciência humana tem ampliado, e por vezes superado, dualismos que antes sacrificavam as expressões genuínas de vinculação baseada na afetividade. O que é bom ou ruim, o que é certo ou errado. A consciência depende da experiência e do ato de refletir sobre nós mesmos, sobre quem somos e o que queremos.

Como se dá a vinculação? O que nos predispõe, emocionalmente, a construir laços? Possuímos uma estrutura psico-orgânica que nos habilita e predispõe à construção de vínculos afetivos? Como compreender o cérebro e a comunicação intersubjetiva e qual a sua importância para a saúde mental das crianças até os 6 anos de idade?

A Neurociência, nos últimos anos, tem contribuído com

importantes e expressivas pesquisas e estudos para que psiquiatras, psicólogos e outros profissionais da área de saúde e educação tenham um novo olhar para as teorias psicológicas sobre o desenvolvimento infantil e as condutas que se ocupam do desenvolvimento da criança e sobre o relacionamento interpessoal entre pais e filhos.

Fomos beneficiados com investigações sobre a neurociência das emoções, sobre o desenvolvimento da mente e da psique, sobre os primeiros anos de aprendizagem e sua influência no comportamento da adolescência e da vida adulta. Temos observado mudanças significativas na visão do que é saúde mental, assim como na visão da Resiliência, observamos os fatores de proteção e risco para o desenvolvimento da criança.

Alan Shore, psicólogo clínico e estudioso no campo da Neurociência do Apego, explica que a moderna teoria do apego é principalmente uma teoria da regulação do afeto. Acredita que o apego é resultado da predisposição biológica e que a qualidade das relações interpessoais, baseadas no afeto, tem especial impacto no desenvolvimento global de um ser em qualquer fase do ciclo evolutivo e sua maior relevância se inicia já na concepção.

Há uma neurobiologia interpessoal, que explica como entender o que é cérebro, mente e psique, e como os pais podem se tornar mais capazes para promover a saúde mental da criança e da família. O cérebro tem papel central em todos os aspectos da vida: relacionamentos, autorregulação, tomada de decisões e aprendizagem. Ele é moldado pelas experiências.

Há uma grande interação entre a estimulação que um relacionamento produz, através dos órgãos dos sentidos e da carga genética, ocasionando efeitos decisivos no desenvolvimento cerebral, que já ocorre desde a concepção. Já nos primeiros 3 meses de vida intrauterina, a vida psíquica da mãe repercute com experiências positivas ou não, que impregnam as células do feto, que já é capaz de registrar e significar as respostas da mãe. A comunicação biológica ocorre devido às alterações neuro-hormonais da mãe, que experimenta segurança e conforto ou angústia e ansiedade.

O bebê também já está inserido no campo psicossocial que é anterior a ele: a história de uma família, de uma cultura, e também de uma raça. As pessoas que estão em contato com a mãe são corresponsáveis em criar uma atmosfera segura, acolhedora ou ansiosa e negativista que suscitam medo, insegurança e sentimentos ambivalentes na mãe. Portanto a vida emocional da mãe, a sua saúde mental e a atmosfera emocional em seus relacionamentos, são os fatores que mais influenciarão o bebê, tanto quanto a transmissão da herança genética. O pai ou cuidador comprometido que ocupa este lugar, compõe, com a mãe e com o bebê, a tríade cuja força psíquica e mental ativará muitos circuitos neurais e psíquicos em todos.

Após o nascimento, o vínculo que se estabelece entre a mãe, ou um cuidador (a) comprometido e o bebê, será determinante para que se desenvolvam as competências em ambos, uma vez que se influenciam mutuamente, também sob a forte influência bioquímica, hormonal e neuro-hormonal. É muito natural que a mãe tenha preocupações e certo grau de ansiedade, em função de uma complexa experiência corporal e psíquica. São alterações fisiológicas previsíveis e oscilações emocionais comuns nesta fase. O bebê experimenta essas alterações e dá respostas bioquímicas instantaneamente.

Uma criança nasce com bilhões de neurônios e células que deverão formar quatrilhões de conexões para o sistema nervoso central e periférico. O cérebro mostra-se capaz de estabelecer diferenciações e de ir detectando semelhanças e diferenças naquilo que experimenta de forma repetitiva e cotidiana, fazendo generalizações que vão formando os "modelos mentais" do mundo e de si mesmo. O bebê emite sinais e tem reações que ativam o comportamento e o comprometimento psíquico da mãe. Uma simples reação adequada ou não, a atribuição de um sentido ao choro do bebê, por exemplo, criará o início de um vasto repertório de comunicação entre ambos, que terá uma tonalidade afetiva e uma ressonância emocional e neural, como explica o psicólogo Louis Cozolino.

Desde o inicio já existe também um sistema de memória funcionando, retendo informações sobre o que o bebê percebe e sente. A amamentação, além da satisfação física para a mãe e para o bebê, atende a uma demanda neuropsicológica de ambos e modelará a relação. Observamos que quando, precocemente, um bebê não reage aos estímulos primários da mãe - devido a um prejuízo importante no seu desenvolvimento neonatal, a mãe não recebe os estímulos necessários para sustentar o tônus emocional e neuro-hormonal que participa na estruturação da maternagem.

Assim, considera-se que é na intersubjetividade da relação entre os pais e a criança que ambos se modificam. Portanto, a experiência da maternidade, da paternidade ou do cuidador comprometido, levam ao desenvolvimento da criança e também do adulto, com ganhos de competências e desenvolvimento de importantes áreas do cérebro de ambos. Mesmo as mães que, por qualquer razão, se veem impossibilitadas de amamentar, poderão construir com o bebê um repertório rico e saudável de comunicação, estabelecendo o vínculo, o laço humano, tão necessário para o desenvolvimento global da criança.

Shore tem contribuído decisivamente para que possamos compreender, sob outro ponto de vista, que as interações físicas e emocionais entre a mãe e o bebê são capazes de produzir uma cascata de processos bioquímicos que reforçam o crescimento e a conectividade das redes neuronais no cérebro como um todo. Os altos níveis de excitação são responsáveis por ativar o sistema nervoso simpático do bebê, proporcionando a experiência de prazer durante as interações positivas.

O que molda o cérebro, portanto, é a experiência. E não existe experiência mais intensa e transformadora do que aquela que se dá através da vinculação afetiva, nas relações interpessoais. É ela que disponibiliza os recursos para a vida. O bebê, ao procurar o olhar da mãe ao ser amamentado, mostra um comportamento social. Ele procura uma conexão neural, entre os cérebros, que ao mesmo tempo é uma conexão afetiva.

Observo que ajudo muito alguns pais, quando lhes ofereço algumas ideias simples sobre como é o funcionamento do cérebro, uma grande área que possui diferentes partes com funções tão específicas. O lado esquerdo é um hemisfério especializado em pensar logicamente, ser literal, linguístico e linear, ou seja, é capaz de organizar pensamentos. Já o lado direito do cérebro, o hemisfério direito, é holístico, especialista em sentir emoções e ler sinais não verbais.

Os cientistas denominaram cérebro reptiliano aquela área que nos permite agir instintivamente, tomando decisões de sobrevivência em poucos segundos, e cérebro mamífero, que nos guia em direção a conexões e relacionamentos. Uma parte do nosso cérebro está a serviço de montar um banco de dados de memórias e outra em tomar decisões baseadas em moral e ética.

O grande desafio está na integração. Partes diferentes do cérebro precisam trabalhar juntas, de forma ordenada e equilibrada. É fácil compreender isso quando pensamos numa criança inundada por fortes emoções, que se sente confusa e não consegue agir de forma tranquila e competente. É o que ocorre nas crises de birra. Outra característica importante do cérebro é sua plasticidade, ou seja, ele se modifica fisicamente durante a vida e não apenas na infância. Este aspecto contribui muito para que os pais se sintam motivados a rever seu comportamento e atitudes, com a segurança de que poderão reconduzir o desenvolvimento da criança para uma evolução mais positiva e satisfatória.

As primeiras experiências do bebê com a mãe, pai ou cuidador comprometido, se dão até os 2 anos através da sintonia entre os hemisférios direito de um e de outro. A comunicação se dá pelos órgãos dos sentidos, através das comunicações faciais, o contato visual, o tom de voz, a postura e os gestos. O diálogo não verbal, que chamamos de diálogo tônico, ocorre pelo sincronismo entre o corpo da mãe e o da criança. Depende da capacidade da mãe que, com seu próprio corpo, pode ser capaz de conter e prover o bebê, estabelecendo as bases de um sistema que chamamos autorregulação.

O apego positivo, baseado na proteção e na segurança, é resultado da capacidade da mãe de estar presente e conectada com seus próprios recursos positivos, capaz de fazer uma leitura correta, empática e ressonante com as reações do bebê. Ele inicia a aprendizagem de gerir as próprias emoções a partir das primeiras respostas emocionais da mãe ou do cuidador comprometido.

O trajeto evolutivo da aprendizagem do bebê e da mãe se dá pela qualidade da experiência. A confiança da mãe em sua capacidade de compreender o bebê o alimentará de segurança, estabilidade e coerência. A resposta positiva do bebê a alimentará, sendo que a cada dia ela se tornará mais capaz para estar em uma relação significativa com o bebê.

Ceres Araújo, psicóloga e mestra em Psicologia Clínica, explica que a sincronia de afetos entre bebê e mãe cria os estados de excitação positiva, e as intervenções reparadoras da mãe modulam os estados de excitação negativa. A capacidade resiliente da mãe em enfrentar situações novas ou que causam estresse é o principal indicador de segurança das primeiras relações de apego. Nos anos seguintes isso ficará evidente na maior ou menor capacidade da criança de se perceber com um ser inteiro e único, capaz de suportar frustrações, tolerar limites e esperar a satisfação de uma necessidade ou desejo. A emoção, inicialmente regulada pela mãe, torna-se autorregulada durante a infância, como resultado de um desenvolvimento neurofisiológico.

Depois do nascimento, o bebê não depende unicamente dos cuidados objetivos adequados, ligados à alimentação, ao sono, ao conforto e à estimulação. Observamos, por exemplo, que muitas crianças com 8 ou 9 anos, que não dormem sozinhas, em sua maioria foram bebês extremamente bem cuidados e supridos, mas que apresentaram precocemente dificuldade para dormir, porque foram privados de uma relação psíquica nutridora, estável, coerente e segura com a mãe. Não desenvolveram a base do sistema orgânico de autorregulação do sono.

Tenho acompanhado o sofrimento de muitas mães que, por terem vivido sob um forte estresse no ambiente familiar, e ou conflitos internos importantes durante a gravidez, desenvolveram sintomas depressivos como síndrome do pânico, sentimentos de negação e rejeição ao bebê. Não podendo procurar ajuda profissional adequada, sentiram-se incompetentes e agiam baseadas em sentimentos de insegurança e ambivalência. São mulheres que mesmo depois do nascimento do bebê - e muitas vezes durante toda a primeira infância de seus filhos - precisam de muito apoio e auxílio profissional, porque ainda estão vivendo com muita angústia, medo e ansiedade, apesar de muitas vezes desejarem fortemente ter uma relação afetiva significativa e duradoura com eles. Justamente nesse momento da 1ª infância, quando sentem a necessidade de cuidar de outro ser, é que se dão conta dos aspectos em suas próprias vidas psíquicas, em que foram descuidadas com a própria saúde mental e com a qualidade de seus relacionamentos.

Também acompanhamos muitas mães que desenvolvem

desequilíbrios emocionais, estimuladas pela própria vivencia da gestação, quando não só o corpo, mas também a psique, inevitavelmente recebe estímulos neuro-hormonais que revolucionam as bases de segurança, coerência e equilíbrio interno. Dar à luz e ficar exposta ao bebê também determina modificações no cérebro da mãe para que seja possível o apego, o vínculo e a continência. É por esse motivo que entendemos que o vinculo afetivo, o apego, é uma via de mão dupla, que persiste durante toda a jornada humana.

Com 4 dias de vida, a maioria dos bebês já está muito atenta aos sons, entonações de voz e palavras da mãe. Ao conversar com ele, a mãe, ou o cuidador comprometido, estará estimulando áreas importantes do cérebro. O recém-nascido é dotado de uma capacidade psicológica inata e é um ser motivado, com vida mental, pronto para intercâmbios subjetivos. É capaz de reconhecer e se comunicar com os estados psicológicos dos outras pessoas. Os olhos constituem o ponto essencial de orientação para bebês e crianças. Como descreve Baron-Cohen, os olhos são a janela da mente. É a linguagem dos olhos e a entonação da voz, que permitem receber a informação sobre o que pode estar acontecendo na mente dos outros.

A experiência do bebê e da mãe foi descrita como uma mútua interpenetração de mentes e é isso o que queremos explicar sobre a força da comunicação não verbal. Os bebês compreendem as intenções da mãe, o que mostra o valor de uma relação afetiva ressonante. Quando a mãe é capaz de experimentar o que o bebê está experimentando, ela se torna capaz de atendê-lo em sua real necessidade. Esta experiência de empatia cria uma memória de confiança e segurança e ao mesmo tempo é uma experiência de regulação emocional para a criança.

Não podemos separar o corpo, a mente e a psique. Eles se desenvolvem conjuntamente. O primeiro brinquedo da criança é o próprio corpo. Estar bem no próprio corpo não se refere apenas à criança desenvolver inúmeras habilidades motoras, mas, antes de tudo, ela estar unida a si mesma, coesa e integra, por saber-se e sentir-se conectada e sustentada em bases seguras de afeto e confiança.

O toque humano age no maior órgão do corpo que é a pele que, como sabemos, possui a mesma origem embrionária do sistema nervoso. A pele, portanto, funciona como um "sistema nervoso externo" que repleta de receptores nervosos, transmite uma surpreendente quantidade de informações para o córtex cerebral, responsável pela fisiologia das emoções e sentimentos. O toque da mãe, do pai ou de um cuidador comprometido, promove a regulação do tónus corporal do bebê, estabiliza os batimentos cardíacos, ajusta o ritmo respiratório, promove a ativação de hormônios e neuro-hormônios, e regula a circulação sanguínea. O toque atua no cérebro, na mente e na psique.

Os pesquisadores e estudiosos da Neurociência afirmam que os mecanismos neuronais do cérebro permitem o estabelecimento de uma ligação pela empatia entre a mãe e o bebê, entre os pais e o bebê e, mais tarde, será um elemento imprescindível nas relações interpessoais, nos próximos anos de vida da criança. São essas redes neuronais do cérebro social que, ativadas, promovem o crescimento do cérebro como um todo. A empatia será um sofisticado elemento - entre tantas habilidades sociais - que será desenvolvido e fortalecido na vinculação afetiva. O componente cognitivo favorecerá a compreensão dos sentimentos do outro e a capacidade para perceber a perspectiva alheia, levando ao que os estudiosos e pesquisadores chamam de "leitura da mente".

O componente afetivo, que é uma resposta emocional adequada da mãe ao estado emocional do bebê, possibilitará a vivência da sintonia afetiva: uma emoção compartilhada. A coordenação afetiva, que ocorre nos padrões sintonizados das interações face a face entre a mãe e o bebê, participa ativamente na construção da relação de apego, o vínculo afetivo. E em seguida outras estruturas cerebrais amadurecerão, permitindo a compreensão e expressão pela linguagem.

Daniel Siegel e Tina Bryson, autores do livro "O cérebro da criança", ao considerar as características de Integração e a Neuroplasticidade do cérebro, reforçam a perspectiva de que os pais sejam capazes de moldar diretamente o crescimento do cérebro dos filhos, conforme as experiências que compartilham e favorecem. A presença amorosa e constante dos pais, além de sustentar a tríade familiar, será responsável pela expansão do vínculo quando outros elementos importantes entram no relacionamento interpessoal. Os ganhos de autonomia cada vez mais amplos caminham junto com a assimilação de limites e regras coerentes e claras.

Quando nos referimos aos vínculos afetivos como propulsores da vida, queremos chamar a atenção dos pais para o fato que a capacidade de uma criança, no futuro, mostrar-

-se razoavelmente flexível, adaptável ao ambiente, tolerante a frustrações, criativa para buscar soluções e estável em seus relacionamentos com outras crianças e adultos, depende da estimulação que recebeu nas primeiras relações de apego, responsável pela modulação e pela autorregulação das emoções. Ocorre o mesmo no tocante às aquisições e ao desenvolvimento de muitas competências cognitivas e sociais nos anos posteriores.

Quando na adolescência outros neuro-hormônios entram em ação, aqueles que apresentam maior habilidade para a vida social, maior capacidade de regulação dos afetos e modulação das emoções, que controlam razoavelmente os próprios impulsos, suportam com coragem as frustrações e se mostram mais capazes de solucionar conflitos com independência são os que experimentaram uma vinculação afetiva positiva e segura.

Quando apresentam capacidade para aceitar e respeitar limites básicos e conseguem alguma organização satisfatória no tempo e no espaço, na vida familiar e na vida acadêmica, acreditamos que não lhes faltou um suporte protetivo que se iniciou na vivência de um vínculo seguro. Também a capacidade para trocas afetivas saudáveis nas relações fora da família; a manutenção de um sistema interiorizado de valores, de normas e de princípios de conduta; a confiança e a segurança em si para seguir em frente e enfrentar a crise desta fase têm sua base na primeira infância quando o cérebro, a mente e a psique são estimulados por uma rica experiencia afetiva compartilhada com os pais.

Cada etapa do caminho evolutivo de uma criança é, também, uma etapa no percurso evolutivo dos adultos que com ela se comprometem. Certamente é a capacidade resiliente dos pais que os leva a não paralisar diante de todos os desafios presentes na construção do vínculo positivo e seguro nos primeiros anos da infância. Pais reflexivos e criativos, corajosos e persistentes, aprendem com a própria experiência e são capazes de desenvolver muitas competências para contribuir para o desenvolvimento integral de uma criança, mas, o que a sustenta verdadeiramente é o vínculo afetivo, o propulsor da vida.

Este artigo permanece aberto a acréscimos e é um convite para novas reflexões e contribuições de todos. Minha gratidão aos meus mestres e aos colegas que percorrem comigo o caminho de apoiar os pais a serem mais e mais resilientes no cuidado e na promoção da saúde de seus filhos.

Minha gratidão especial a todas as crianças, adolescentes e famílias com quem aprendo cada dia um pouco mais sobre a força propulsora e transformadora que os une.

## REFERÊNCIAS BIBLIOGRÁFICAS

ARAÚJO, C. A. de. *Psicologia Analítica*. In: ASSUMPÇÃO JR., Francisco B.; KUCZNSKI Evelyn (Org.). *Tratado da Infância e da Adolescência*. São Paulo: Atheneu, 2018.

ARAÚJO, C. A. de. *Resiliência na Infância e na Adolescência*. In: ASSUMPÇÃO JR., Francisco B.; KUCZNSKI Evelyn (Org.). *Tratado da Infância e da Adolescência*. São Paulo: Atheneu, 2018.

ARAÚJO C.A. de. *Introdução: Resiliência, ontem, hoje e amanhã*. In: Araújo CA, Mello MA, Rios AMG. *Resiliência: Teoria e prática de pesquisa em psicologia*. São Paulo: Itaka, 2011.

BARON-COHEN S. *Diferença Essencial*. Rio de Janeiro: Objetiva, 2004.

COZOLINO L. *The neuroscience of psychoterapy: healing the social brain*. New York: Norton, 2010.

CYRULNIK B. *Os alimentos afetivos - o amor que nos cura*. São Paulo: Martins Fontes, 2007.

SHORE A. *Affect dysregulation and disorders of the self*. New York: Norton, 2003.

SHORE A. *The science of the art of psychotherapy*. London: W.W. Norton & Company, 2012.

SIEGEL DJ, BRYSON TP. *O Cérebro da Criança*. São Paulo: Nversos, 2015.

Sugestões de Vídeos e Documentários:

FMCSV-Fundação Maria Cecília Solto Vidigal. Nota 10 Primeira Infância 4- 6 anos, 2015.

FMCSV-Fundação Maria Cecília Solto Vidigal - Vídeo – "As experiências moldam a arquitetura do cérebro".

---------------Vídeo – "Nota 10 Primeira Infância – O desenvolvimento do cérebro do bebê".

---------------Vídeo – "A criança de ontem e a criança de hoje". FMCSV-Fundação Maria Cecília Solto Vidigal e Instituto Alana - Documentário "O Começo da Vida"

Site: Lunetas.com.br - Instituto Alana. "Da barriga aos 12 anos".

## CAPÍTULO 11

# PAIS EM CONFLITO - E OS FILHOS?

AIMÉE GRECCO

Utópico pensar que entre pais ou melhor, nas relações pessoais, não haja conflitos. Portanto, aqui vamos abordar as diferenças que proporcionam distanciamento, brigas, mágoas, silêncios, reações e deduções. Como se cada um de nós tivesse um Dicionário Emocional particular, logo desconhecido em parte ou totalmente pelo parceiro.

Este Dicionário é construído, sobretudo, pela comunicação não verbal, no contexto familiar, e pelas experiências emocionais no decorrer da vida. Os significados que damos aos sentimentos e às emoções é o que chamo de Dicionário Emocional.

Neste raciocínio, uma das possibilidades é entender o *Conflito* como duas necessidades ou posicionamentos diante de algo, que não podem ser atendidos simultaneamente. Ou seja, que geram impasse, paralisação, insatisfação, comunicação ineficiente. A comunicação está no centro da questão. Falar para o outro não é necessariamente comunicar. Ouvir, mas responder como se fosse uma rebatida do pingue-pongue, não é exatamente uma conversa.

É comum dizermos/ escutarmos: *"Falei mil vezes, mas não adianta nada*!". Entre o que é dito e o que é escutado há uma distância no entendimento, na interpretação, no momento emocional, no histórico pessoal com aquele tema ou com a própria situação de conflito. É quando nosso Dicionário Emocional é mais consultado. Atribuímos significados automaticamente.

Vivemos um processo de mudança numa cultura ainda dominante do ganha-perde em direção às boas composições do ganha-ganha; isto é, em vez de competir com o outro, buscar soluções que atendam a ambos. Inclusive é inerente à condição humana: não há unanimidade. Desta forma o conflito pode trazer a oportunidade de mudança pessoal, cultural, social, à medida que passo a conhecer outras formas de olhar/ entender a mesma questão.

A insatisfação e o questionamento de uma forma de funcionamento ou de um conjunto de normas podem nos levar às mudanças de paradigmas sociais e pessoais. Desta forma, entendemos que o Conflito pode ser uma oportunidade.

Por exemplo, como, às vezes, as diferenças que atraíram um casal, as complementariedades tão fascinantes, acabam se tornando temas de conflito com a convivência. O jeito tão trabalhador, comprometido, com objetivos focados pode se transformar em: *"Só pensa no trabalho", "Não sinto que eu e os filhos temos lugar na vida do cônjuge!".*

Ou o jeito divertido, humorado inicialmente, se torna: *"Nunca vai crescer? Que falta de responsabilidade! Tenho que pensar em tudo! Quer ser amigo (a) dos filhos e não põe limites, tenho que disciplinar, endurecer... tudo nas minhas costas!".*

No trabalho como Terapeuta de Casais e Famílias e com os pais dos pacientes crianças, assim como no atendimento em Mediação de Conflitos, é bem comum ouvir variações dos depoimentos acima citados. Percebo como é desafiador "atualizar" o casamento, lembrar das mudanças que ocorrem nas fases da vida, as demandas do momento, necessidades diferentes em relação ao início do relacionamento. Parece que temos que mudar tudo sem mudar nada. Ou seja, mudar a fim de corresponder ao que o outro necessita e, ao mesmo tempo, permanecer igual ao que o outro gosta e admira.

Será possível achar uma medida para o respeito pessoal e o respeito pela relação? Como conciliar individualidade e conjugalidade? EU e NÓS. E não EU contra NÓS ou NÓS contra MIM?

Desafiante corresponder às nossas próprias contradições e às que incluem as expectativas dos relacionamentos. Nossas mudanças e necessidades com as mudanças e as necessidades da relação.

Em geral, este é o campo em que os conflitos brotam. Os temas dos desentendimentos são relevantes, mas o que estrutura, fortalece e enrijece posicionamentos vem deste *caldo* citado acima: as mudanças que são vistas como diferenças, que evoluem para disputas, reações intensas, silêncios, explosões, brigas, litígio.

## E OS FILHOS DIANTE DESTE CONTEXTO?

Em minha experiência profissional ao longo dos últimos 38 anos tenho visto alguns grupos de reações nas crianças:

- Sintomas físicos (doenças das mais simples às mais sérias, como as autoimunes);

- Questões escolares: aprendizagem ou comportamentais (conflitos com colegas de forma ativa ou passiva);

- Reações emocionais intensas no ambiente familiar, inclusive disputas e brigas entre irmãos, ciúmes, rejeição;

- Filhos *sendo* "pais dos pais" ou seja, continentes das angústias dos pais ou como aparadores - tornando-se leais a uma das partes, guardando segredos, protetores;

Não quero dizer que tudo o que ocorre com os filhos é decorrência dos conflitos entre os pais. Quero dizer que diante de conflitos, tensão entre o casal, brigas... muitas vezes os filhos, inconscientemente, entram nestes lugares e papeis, atuam na família como se se responsabilizassem por uma autorregulação do sistema familiar.

Na experiência com crianças, por meio dos desenhos e brincadeiras durante os atendimentos em Terapia, aparece esta responsabilidade. Não que os pais a atribuam. Porém, podemos dizer que um casal se torna família a partir do nascimento dos filhos. Às vezes, estes se sentem fracassados nesta tarefa de formar e manter a família e pode ser a origem dos sintomas citados acima. São reações a fim de buscar uma nova estabilidade e equilíbrio a partir da desorganização.

Quando estas reações aparecem nos filhos, muitas vezes geram um desvio da tensão entre os pais para a tensão provocada pelos sintomas e a busca de soluções. Naquele momento são convidados a cuidar de outro assunto, a questão conjugal dá lugar à função cuidadora, educadora, protetora dos pais.

São modelos: como os pais conversam, constroem saídas, mostram respeito, compreensão, mesmo quando não concordam. É fundamental para aprendizagem sobre relacionar-se. As crianças, em geral, são mais sensíveis ao que veem do que ao discurso; às percepções emocionais do que ao conteúdo do que ouvem. Aos poucos vão afinando os ouvidos também para as palavras. O aprendizado relacional vem da inserção, participação das relações familiares basicamente e depois ampliado pelos vários contextos: famílias de origem, escolas, amigos, outras casas...

Calma, não temos como ser 100% coerentes 100% do tempo, mas podemos manter um diálogo reflexivo sobre como estamos nos comunicando, o quanto minha forma de comunicar ajuda o outro a "abrir os ouvidos". Quanto eu me abro para ouvir, entender o ponto de vista do outro, antes de acusar, culpabilizar, justificar minhas ações. Buscar coerência é possível - coerência entre falar/agir/sentir/reagir/refletir/falar... Esta é uma possibilidade de saída para não criar aquele caldo que, quanto mais esquenta, mais pode ferver as emoções diante dos conflitos.

"Resolver o próprio problema é ter a capacidade de se perguntar sobre as diversas estratégias disponíveis frente ao conflito, de refletir, de formular questões significativas, aprender a aprender, transformar-se em meios ativos de enfrentar os conflitos e resistir às simplificações de velhos paradigmas" (SCHINITMAN, 1999).

## O QUE SÃO PARADIGMAS?

Paradigma é o princípio oculto que governa a nossa visão das coisas e do mundo, sem que disso tenhamos consciência (MORIN, 1990).

Quando falamos em mudanças de paradigmas, estamos nos reportando às mudanças no último século nas ciências, filosofia e seus reflexos na sociedade. De uma forma bem sintética, baseado em Humberto Maturana (1993):

| DE | PARA |
|---|---|
| A realidade independe do observador | A realidade depende do observador |
| Há distinção entre ilusão e percepção | Não há distinção entre ilusão e percepção |
| Existe um universo igual para todos, ou seja, uma verdade única | Existe multiverso |

Entendendo as descrições acima como enriquecedoras, uma ampliação de visão de mundo, já que não são excludentes, **ou uma ou outra**, mas **inclusivas**, trazendo a visão de complexidade para os fenômenos, assim como para as experiências relacionais. Ou seja, são complementares e abrangentes e nos proporcionam uma visão sistêmica do mundo, entendendo-o como uma organização, os fenômenos não são isolados do seu contexto, dos elementos que participam, das interações naquele momento, naquela situação.

Passamos a olhar para a singularidade e particularidade de uma experiência. Não temos receitas e soluções que sirvam a todos. Assim como a construção daquela situação depende dos que estão envolvidos, das circunstâncias, do contexto e momento histórico, as soluções também são construídas a partir de considerar todos estes elementos: a particularidade e a singularidade de cada pessoa, cada casal, cada família.

## COMO PODEMOS LIDAR COM OS CONFLITOS?

Desde a conversa direta entre os envolvidos passando pela entrada de um terceiro com cada vez mais poder sobre as decisões até atitudes violentas e coercitivas:

*Negociação:* (conversa) direta e sem terceiro;

*Conciliação*: terceiro auxilia a **manter** conversa, alguém significativo para a comunidade, para a família;

*Mediação*: terceiro que auxilia a **restabelecer** a conversa, a buscar soluções;

*Arbitragem:* terceiro que ouve, mas **decide** pelos envolvidos, é escolhido para esta função;

*Litígio*: terceiro desconhecido **decide** pelos envolvidos (entra o Judiciário);

Também podemos incluir a Terapia de Casal e Familiar como um terceiro que auxilia a manter/reestabelecer a comunicação e, a partir de técnicas específicas, chegar à construção de saídas para os conflitos.

Mediação e Terapia são campos próximos, valores comuns como sigilo, a voluntariedade, a autoria das soluções, o respeito às narrativas (como cada um viveu/ vive a situação), a criação de um ambiente de confiança e respeito entre todos os envolvidos.

Em geral, a Mediação é um trabalho breve, com o foco no conflito ou tema a ser trabalhado e a construção de acordos viáveis. As emoções são consideradas, respeitadas, contextualizadas. A perspectiva é futura, ou seja, o que poderemos fazer, construir daqui pra frente? O mediador é guardião deste processo, utilizará dos recursos próprios e adequados, das técnicas e etapas da Mediação para que a construção de acordos flua e, principalmente, a comunicação se restabeleça.

Mais do que encontrar saídas, a Mediação poderá ser um modelo de diálogo, de jeito de conversar/escutar/reagir, para situações futuras. É um processo de aprendizagem, logo poderá nos colocar mais próximos de mudanças dos paradigmas pessoais, que, muitas vezes, nos colocam em impasses, conflitos, restrições nas relações. Aprendizagem sobre si, sobre o outro, sobre relacionamentos, sobre as diferenças, sobre estar no mundo.

Perguntas que poderão ajudar:

- Quais são as necessidades atuais? Pessoais e familiares?

- Será que cada concessão que faço vai para uma lista de créditos e débitos na relação?

- Quando reajo com intensidade emocional consigo reconhecer no que estou sendo tocado? Alguma memória?

- Algum desafio nos meus valores? Sinto que estou sendo checado?

- O quanto compreendo os desafios desta parceria?

- Conseguimos criar e manter o contexto de casal? Antes dos filhos? Após os filhos?

- Como estamos administrando a "porta" da nossa casa? Está permeável demais? Está fechada demais?

- Estamos protegendo os filhos das coisas que consideramos ameaçadoras? Concordamos com elas? Tanto com o que consideramos ameaças como o que consideramos proteção?

- Se eu trocasse de lugar com meu (minha) parceiro (a), o que veria sobre mim?

- Se eu trocasse de lugar com cada filho, o que eles veriam?

Assim como a Mediação traz uma perspectiva futura, aqui o foco não é problematizar, mas tentar apontar caminhos e soluções para Lidar com Conflito, desde a negociação direta até a escolha de terceiros.

A atenção à comunicação, a partir de reflexões, de perguntas a si, ao outro, sobre o contexto, sobre a relevância do que pode nos levar às disputas e discussões, observar as consequências ambientais, principalmente nos filhos, poderá trazer novas perspectivas e escolhas para estas situações.

Não temos receitas, mas temos ingredientes para uma comida saborosa.

Como um dia encontrei numa placa de madeira escrita à mão no centro de uma praça num vilarejo no Nordeste brasileiro: *"Não quero ter razão, quero ser feliz".* Agora, uma frase tão conhecida e divulgada, mas em 2002, no contexto em que a vi, foi revelador. Mais uma reflexão!

## REFERÊNCIAS BIBLIOGRÁFICAS

- MORIN, Edgard. *Introdução ao Pensamento complexo.* Lisboa: Instituto Piaget, 1995.

- MORIN, Edgard. *Consciência com Consciência.* Rio de janeiro: Bertrand Brasil, 1996.

- SCHNITMAN, Dora F. (organizadora) *Novos Paradigmas, Cultura e Subjetividade.* Porto Alegre: Artes Médicas, 1996.

- SCHNITMAN, Dora F., LITTLEJOHN, S. (organizadores) *Novos Paradigmas em Mediação.* Porto Alegre: Artes Médicas sul, 1999.

- SAMPAIO, Lia R. C., BRAGA, A. *O Que é Mediação de Conflitos.* São Paulo: Brasiliense, 2007.

- ALMEIDA, T., PELAJO, S., JONATHAN, E. *Mediação de Conflitos.* Salvador: JusPodivm, 2017.

- GRECCO, A. *A Voz Feminina Entre Sussurros e Protestos.* Monografia do Curso de Especialização Família - Processos de Mudanças - PUCCOGEAE, São Paulo, 1997.

## CAPÍTULO 12

# ADOLESCÊNCIA E A ESCOLHA VOCACIONAL

MARIA LYGIA MOLINEIRO

> *Dá tempo à sua vocação [...] Fica sabendo que tua verdade se fará lentamente, pois ela é nascimento de* árvore e não *descoberta de fórmula (SAINT-EXUPÉRY).*

A escolha vocacional é assunto relevante na pauta dos adolescentes. É frequente que ao conhecermos alguém, após a apresentação inicial, surja naturalmente a pergunta: "E o que você faz?" A resposta indica um conjunto de interesses, inclinações, habilidades que são diferenciais para a identidade dessa pessoa.

O adolescente, intensamente envolvido com a definição de sua própria identidade encontra-se especialmente voltado para a questão, empenhado em encontrar uma resposta que possa traduzir quem é e o que faz ou pretende fazer durante sua vida. Um imenso leque de opções abre-se diante dos jovens assim como a possibilidade de exercer, muitas vezes pela primeira vez, uma escolha de tal importância. Esse é um portal simbólico, no qual o adolescente encontra-se no limiar de uma iniciação e a realização de uma escolha será o marco para um novo caminho.

Este capítulo pretende abordar esta temática sob a ótica da psicologia analítica, como a escolha vocacional inserida neste contexto acontece e qual o papel dos pais nessa dinâmica.

Meu primeiro contato com essa temática aconteceu ainda durante o início da graduação em Psicologia. Acontecia em São Paulo, em 1976, o congresso latino americano de psicologia clínica e, em uma das primeiras conferências, encontrei-me com o tema que se tornou desde então uma das grandes paixões dos meus estudos e prática em psicologia: a adolescência.

Marcou-me profundamente a definição da adolescência trazida pelos psicanalistas argentinos, inspirados por Aberastury (1980) como uma "síndrome normal", ou seja, uma crise caracterizada por um conjunto de sintomas, na qual a vivência de dilemas e conflitos não só é esperada como é normal!

Esse olhar acompanha-me até hoje. E acredito que o primeiro passo nessa conversa com pais de adolescentes possa ser justamente esse: o adolescente está vivendo uma fase crítica, dilemática, cheia de dúvidas e conflitos. E isso é absolutamente normal!

Mas também é verdade que como pais muitas vezes não estamos preparados para esse enfrentamento. Uma das principais tarefas na infância foi estabelecer e fortalecer vínculos, expressos na relação de diálogo e confiança com o filho, que dia a dia mostrou sua individualidade, curiosidade e o desabrochar de uma incrível capacidade de explorar, investigar, perguntar, aprender, sendo que os pais, ao longo dessa fase inicial, também conquistam segurança em suas próprias atitudes e uma saudável sensação de competência surge nessa interação. Então, repentinamente, com os primeiros sinais da pré-adolescência, uma nova fase tem início tanto para os filhos como para os pais.

"O primeiro grande salto para a vida é o nascimento. O segundo é a adolescência", nas palavras do psicanalista argentino Eduardo Kalina (1974).

Percebemos os primeiros sinais dessa transição com as mudanças físicas da puberdade, que se referem principalmente aos fenômenos fisiológicos, compreendendo as mudanças corporais e hormonais, que culminam com a primeira menstruação nas meninas e a primeira ejaculação nos meninos. As mudanças psicológicas e sociais que envolvem o comportamento e relacionamentos e que acompanham essas mudanças da puberdade marcam o início da adolescência (KALINA, 1985).

A adolescência representa também para o adolescente um grande salto em direção a si mesmo. As referências que o guiavam até então e que lhe davam segurança, repentinamente também deixam de fazer esse papel. É como se precisasse mudar de casa, e simbolicamente de fato precisa, pois aquela casa, representada pelo seu corpo de criança, fica estranha, pequena, necessita expandir-se. Muitas metáforas poderiam ser utilizadas para ilustrar esse período, mas escolhemos comparar essa vivência com uma mudança, na qual todos os pertences e objetos estimados estão presentes, mas fora de alcance, numa travessia que produz uma sensação de insegurança e desordem. Existe, contudo a esperança de que ao alcançar o novo espaço, e ao seu tempo, tudo possa se organizar novamente.

Para compreender os adolescentes e seu processo de desenvolvimento psicológico e emocional acredito ser fundamental ter claro o que define essa etapa única do crescimento humano. E confrontar os estereótipos que a envolvem.

Adolescentes são muitas vezes rotulados e nomeados de forma pouco lisonjeira, como se realmente existisse algo errado acontecendo com eles. Realmente há importantes mudanças acontecendo. O comportamento até então mais previsível da criança é substituído por outro nos quais impulsividade e comportamentos rebeldes e desafiadores podem aparecer subitamente. Muitos pais, atônitos e sem saber como lidar com esse comportamento novo e desafiador, muitas vezes assumem uma postura reativa e defensiva na qual confrontam de volta e medem forças. Reagem contra a ofensiva contestadora do adolescente na mesma moeda. Esquecem-se de que o adolescente está tentando se afirmar, buscando uma nova identidade a partir de um profundo sentimento de estranheza, inicialmente com o próprio corpo! O corpo muda na adolescência de uma forma repentina, com uma explosão de hormônios, trazendo-lhe impressões e sensações absolutamente estranhas. Nas outras fases da vida também passamos por mudanças corporais, mas tudo acontece de forma mais lenta e gradual e são mudanças anunciadas, acompanhadas de uma maior possibilidade de preparo psicológico e emocional.

Quando falamos de adolescência estamos nos referindo a um extenso período que tem começado cada vez mais cedo e sendo concluído cada vez mais tarde. Podemos falar de diferentes períodos na adolescência: a fase inicial que acontece a partir da puberdade até o início do ensino médio, o período intermediário que vai do ensino médio ao início da faculdade, por volta dos dezoito aos vinte anos e a terceira fase que se inicia a partir dos vinte anos e pode se estender até os vinte e nove e está sendo chamada adolescência alta ou tardia.

Culturalmente temos associado à adolescência um tempo de dificuldades e problemas. Os pais, muitas vezes sem referências anteriores, estampam sua perplexidade diante desse novo filho que reage de uma maneira tão diferente e inesperada. É natural que os pais também vivam esse estranhamento, pois o território conhecido repentinamente foi substituído por cenários absolutamente novos. Apesar dessa realidade, o adolescente não deve ser chamado de chato, de "aborrescente", e outras maneiras percebidas como julgamentos e rótulos desqualificadores. O adolescente não é chato nem "aborrescente". Ele vive uma experiência diferente, que implica um profundo sentimento de falta de identidade e de referências, que pode levá-lo a sentir-se perdido no mundo. A segurança da infância não vale mais e não há nada ainda definido para ocupar esse lugar.

Caracteriza também a adolescência uma intensa contradição e a vivência de paradoxos. O adolescente pode mudar de opinião muito rapidamente ou apresentar um comportamento absolutamente inédito e inesperado. Para Kalina (1985) o adolescente alterna o desejo de crescer e conquistar autonomia com a vontade de permanecer criança e buscar segurança, pois sente-se hesitante e profundamente ameaçado.

Essa experiência de perceber partes separadas dentro de si, aspectos muitas vezes contraditórios, é nomeada por Fordham (2001) como processo de deintegração-integração. Isso mesmo, deintegração e não desintegração. É como se o adolescente fosse "muitos em um só indivíduo", uma vivência estranha, mas absolutamente esperada e normal. A deintegração pode ser compreendida como a divisão espontânea em partes naturalmente isoladas que, com o amadurecimento emocional durante o desenvolvimento tornam-se intercambiantes e, engajadas pela ação do self, o centro ordenador da psique, começam a dar um sentimento de integração ao que era naturalmente *deintegrado*.

Entender essa fase proporciona uma compreensão para o estado naturalmente fragmentado da adolescência.

Nessa etapa do desenvolvimento a psique pode ser representada pela imagem de um grande círculo, preenchido por muitos outros pequenos círculos carregados de energia, com diferentes conteúdos, circulando todos juntos e ao mesmo tempo. Essa intensidade emocional e vivencial é o que caracteriza a vida interna do adolescente. Os conteúdos referem-se às diferentes vivências: mudanças físicas e hormonais, as relações sociais representadas pelos amigos e pares, as relações familiares, a experiência escolar e de aprendizagem, as primeiras experiências de alteridade, a descoberta do outro, comumente iniciadas nesta etapa, os interesses e *hobbies*, entre outras[1].

A boa nova para os pais é que esse turbilhão vai passar e esses estados tenderão a integrar-se naturalmente. Mas é pre-

---

1. Na exposição da pintora sueca Hilma af Klint, (1907), na Pinacoteca do Estado de São Paulo de março a julho de 2018, vimos uma imagem da fase da adolescência, chamada "As dez maiores: Juventude" exatamente como descrita acima: círculos concêntricos e espirais que parecem mover-se simultaneamente, carregados de emoção, colorido e energia.

ciso tempo, paciência e maturação.

"Estabelecer um senso coerente de identidade é a tarefa mais importante da adolescência", afirma Feldman (1996). Quando essa coerência de identidade é alcançada o jovem sente um senso mais autêntico de si mesmo e uma síntese significativa de várias partes da personalidade pode ser consolidada num todo significativo.

De fato, perceber a si mesmo como uma pessoa única, com um conjunto de características próprias e singulares, é o início de uma jornada de inclusão e desabrochar para a vida adulta. Mas atingir esse ponto pode não ser fácil e está acontecendo cada vez mais tarde, avançando além dos vinte anos. Essa passagem da adolescência é realmente marcada pela transição e durante muito tempo foi acompanhada de rituais nas civilizações mais antigas. Uma das expressões mais marcantes dessa fase é o desejo por novas experiências, deixar o conforto e a dependência do ambiente familiar e buscar situações de independência. E esses ritos, chamados de ritos de iniciação foram encontrados tanto em civilizações evoluídas como naquelas primitivas e muitas vezes distantes, como nas ilhas da Polinésia ou Oceania, o que demonstra ser um fenômeno arquetípico, uma matriz comum à espécie humana e não influência cultural. Em nossa cultura atual podemos identificar como ritos de passagem a entrada na faculdade ou a escolha de uma profissão, assim como o desejo de autonomia, de afastar-se, fazer um intercâmbio ou viagem, autorização para dirigir carros ou consumir bebidas alcoólicas em lugares públicos, viver sozinho ou com amigos, assumir um relacionamento amoroso, entre outros. De alguma maneira essa necessidade irá expressar-se.

Mas é importante ressaltar que essa etapa psicológica e emocional do desenvolvimento acontece ao mesmo tempo em que o cérebro do adolescente está se desenvolvendo e os sistemas neurais que respondem pelo controle de impulsos não estão totalmente amadurecidos. Neurocientistas vem demonstrando que a área do cérebro conhecida como córtex pré-frontal, responsável pela tomada de decisões importantes, planejamento, antecipação, capacidade de avaliar riscos e gratificações, é a parte do cérebro que tem o mais significativo desenvolvimento durante a adolescência e continua a desenvolver-se além dos vinte anos, sendo que alguns autores apontam os vinte e seis anos como auge desse amadurecimento (JENSEN, 2016).

Esse é um momento marcante na vida de um adolescente: as primeiras escolhas relevantes estão de fato diante de si. A autonomia que começa a desenhar-se traz junto à angústia de ter que escolher. E a realidade é que os jovens encontram-se diante de um mar de opções e um oceano de dúvidas. Importante ressaltar que estar em dúvida e confuso não é somente normal como também positivo nesta fase. Ficar em dúvida é admitir que a escolha é importante e supõe que se saiba mais sobre si mesmo e sobre a realidade. E que a resposta não vem simplesmente de uma análise racional, mas de uma reflexão que considere diferentes e importantes variáveis como sua personalidade, seus interesses e preferencias, suas aptidões, talentos, competências e valores e como esse conjunto único que se define como seu perfil encontra sintonia no mundo do estudo e do trabalho.

Nesse sentido podemos questionar se é possível aos pais ajudarem seus filhos nessa transição e na definição de um caminho vocacional.

O foco central do meu trabalho tem sido direcionado aos adolescentes. O adolescente pode ser auxiliado nessa fase de escolha através de um processo que chamamos de orientação vocacional e profissional, que acontece em uma série de encontros dentro do contexto da clínica psicológica. Mas para aqueles que não têm essa possibilidade fica a sugestão de procurar um serviço de orientação vocacional junto às clínicas-escola dos cursos de psicologia ou especialização nas faculdades ou universidades em sua cidade.

Gostaria de ressaltar que os pais são fundamentais nessa etapa e faço todo o empenho para incluí-los também nessa jornada de descoberta. Esta é a proposta de uma psicologia positiva, que ressalta os acertos e efetivas possibilidades de suporte e apoio por parte dos pais, sem nenhuma idealização de que para ser positiva tenha que excluir os conflitos. Ao contrário, é a partir da consciência de que conflitos, diferenças e dificuldades fazem parte desse processo de crescimento que os pais podem assumir uma atitude franca e de diálogo com seus adolescentes.

Sim, os pais podem ajudar e muito seus filhos!

Em primeiro lugar, a grande maioria dos pais com quem tenho trabalhado tem uma grande preocupação com seus adolescentes e seu futuro e um profundo desejo de ajudá-los.

Uma das perguntas mais frequentes que ouço é: "não é cedo demais para um adolescente fazer uma escolha tão importante?" Se pensarmos numa escolha definitiva, estática, realmente seria cedo demais. Sabemos atualmente que o campo das profissões e do trabalho está mudando numa velocidade incrível, fruto das inovações e da tecnologia que continuamente estão interferindo e transformando as atividades humanas. Muitas ocupações estão deixando de existir enquanto outras estão surgindo a todo tempo.

O que o adolescente está escolhendo não é o que irá fazer para o resto da vida. Talvez a atividade com a qual vá se envolver futuramente não tenha nem sido inventada ainda!

A escolha possível é a da **porta de entrada**, ou seja, ele está escolhendo um caminho afinado com seu perfil e que lhe será estimulante, manterá seus interesses e motivação para aprender, e que certamente será ampliado e transformado ao longo dos próximos anos. Quando o adolescente está na direção certa tem a sensação de pertencimento ao grupo e seu interesse e curiosidade se mantêm vivos.

E como podemos definir o perfil desse adolescente, que guiará suas escolhas?

É incrível que no ensino médio o adolescente seja capaz de aprender tantas matérias e conteúdos diferentes ao mesmo tempo e com tanta rapidez. Exposto a diferentes estímulos, inicialmente pode ficar atraído por muitos assuntos, o que é explicado pela profusão de sinapses, ligações neurais, que estão acontecendo em seu cérebro. Mas na conclusão dessa etapa é natural acontecer um refinamento desses interesses e algumas áreas e temas começam a se destacar como possibilidades mais viáveis.

O cérebro do adolescente está funcionando no máximo de sua plasticidade neural, termo usado pelos neurocientistas para sua incrível capacidade de aprender e refinar o conhecimento. Funciona como um super-radar vasculhando o universo de informações e conhecimentos à sua volta para estabelecer conexões diferenciais, pessoais. Nem tudo desperta seu interesse da mesma forma. Um adolescente sabe discriminar qual matéria o estimula mais a aprender, qual desperta mais sua curiosidade e se mantém como área mais "quente" enquanto outras são mais difíceis de entender e são evitadas, se possível. Sabe diferenciar também esses interesses da figura do professor: às vezes gostam da matéria apesar do professor e em outras gostam do professor e de seu método, mas não da matéria. Sabemos que a experiência com um professor inesquecível tende a acentuar momentaneamente o interesse pelo tema mas não a mantê-lo pela vida.

Vai desenhando-se assim seu mapa de interesses e inclinações. Também as atividades extras, lazer ou esporte tem influência nessa definição, pois evidencia preferências e estilo de vida. Os pais acompanham de perto esse rol de experiências e podem fazer um inventário das atividades em que percebem o interesse desabrochar.

Os talentos e habilidades também despontam como indicadores importantes e podem ser compreendidos como facilidade natural para um determinado campo ou atividade. Todo adolescente tem um conjunto de habilidades, mesmo que às vezes não tenha consciência desse potencial. Quando as habilidades são reconhecidas, atualizadas e aperfeiçoadas podem tornar-se competências.

Chegar lá poderá levar tempo, será resultado de um processo mais ou menos longo, mas é preciso acreditar que a jornada valerá a pena e poderá ser divertida apesar das dificuldades naturais. A melhor atitude é de dar suporte e condições ótimas para que o processo aconteça em seu tempo, dentro de uma perspectiva benigna do crescimento. Como afirma Frankel (2005), "não se deve tentar curar o adolescente de sua própria adolescência".

O adolescente que não reconhece seu perfil e permanece confuso e inseguro sobre sua escolha pode estar sofrendo e precisando de atenção.

"Re-animar" o adolescente é ajudá-lo a se sentir novamente conectado com sua alma e a olhar para o mundo com a esperança de que haverá um lugar em que possa viver sua individualidade e crescer como pessoa, conquistar seus sonhos, realizar-se. Ajudá-lo a acreditar em si mesmo, em seu valor, em suas qualidades. Os pais podem intervir no processo de reunir o máximo de informações com e sobre seu filho, ajudando-o a expandir seu autoconhecimento e promovendo uma visão bastante ampliada de seu próprio perfil. Validar as características marcantes, acentuar as facilidades naturais, sua pluralidade de interesses, valores e critérios. Esses fatores são os diferenciais que irão modular as diferentes ênfases e escolhas que fará daqui para frente.

Ao mesmo tempo incentivar a pesquisa mais ampla possível sobre as áreas de interesse, pois informação aqui é fundamental. Muitos adolescentes escolhem o curso ou a profissão fundados apenas em sua imaginação e informações limitadas para mais tarde descobrir que essas impressões não estavam baseadas na realidade. Importantes pesquisas sobre evasão escolar,[2] situação na qual o jovem ingressa na faculdade e acaba desistindo, indicam como forte razão para a desistência "o desconhecimento do curso". Conhecer as grades curriculares, conversar com alunos, professores e profissionais, ter o máximo de informações possíveis sobre as áreas pretendidas pode fazer a diferença para uma escolha embasada nos fatos.

Quanto mais informado e conectado à realidade, mais chance terá de fazer uma escolha acertada.

E o jovem que já fez uma primeira escolha e percebeu que não se encaixa com ela? Tem acontecido com muita frequência e pode ser uma grande oportunidade para o autoconhecimento. Pode levar a uma nova escolha com muito mais consciência, pareando o que imaginava em confronto com a realidade, refinando o que de fato o interessa e aprendendo muito sobre si mesmo com a experiência que não deu certo.

Embasados nessa compreensão sobre a adolescência e a escolha vocacional, apontamos um breve roteiro de algumas atitudes e sugestões positivas e construtivas em relação aos adolescentes:

2. A pesquisa pioneira realizada por Lehman (2005) com alunos da USP, desistentes dos cursos nos quais ingressaram, é bastante exemplificadora do desconhecimento do curso como principal fator de evasão.

1. Lembrar-se que o adolescente está em processo de desenvolvimento e, mesmo que pareça maduro, em muitas situações seu cérebro ainda está em formação e atitudes discrepantes ou ambivalentes devem ser esperadas, sem causar uma decepção do tamanho do mundo, que só vai piorar as coisas.

2. Estar atento, ligado, presente para que o adolescente se aproxime de você e faça perguntas, conte seus medos e possa falar dessa fase intensa, agitada, estressante e sofrida que ele está vivendo.

3. Estar disponível e manter a calma mesmo que ele se tranque no quarto e responda com um resmungo a qualquer tentativa de conversar. O adolescente precisa fantasiar e muitas vezes em que aparentemente não está fazendo nada ou "desperdiçando tempo", está na verdade numa intensa e importante reflexão através da fantasia que o ajudará a elaborar muitas situações e emoções.

4. Acreditar que qualquer resposta atravessada ou agressiva deve ser contextualizada e não deve ser tomada como "pessoal". Os filhos precisam dos pais para esse contraponto, para dizer a eles "vocês estão por fora, não sabem de nada" que também pode ser ouvido como "eu me sinto inseguro diante de tantos desafios e preciso desesperadamente acreditar que eu sei alguma coisa e que um dia vou ser alguém, como você".

5. Prestar atenção ao sono e aos ritmos biológicos do adolescente. Estudos atuais no campo das neurociências têm contribuições fundamentais para entendermos que os ritmos do adolescente são diferentes dos adultos, e que precisam em média, entre oito horas e meia a nove horas e meia de sono por noite. Acontece que é justamente um período em que tem que estudar muito, enfrentar provas, preparar-se para o vestibular e consequentemente dorme menos. Prefere em geral dormir mais tarde e acordar igualmente tarde, mas tem que pular cedo da cama e ir para o colégio, cursinho ou faculdade. A luz branca dos celulares e computadores igualmente interfere nos ritmos de sono e vigília e é preciso atenção ao uso irrestrito das mídias e eletrônicos. O sono é fundamental para a fixação da aprendizagem, memória, controle de estresse e saúde física e mental dos adolescentes. Sugiro que os pais leiam, atualizem-se, tornem-se experts no assunto e ajudem seu filho a gerenciar bem seu sono (JENSEN, 2016).

6. Este texto aborda o desenvolvimento normal do adolescente, mas ressalta que diante de sintomas emocionais intensos, alterações de comportamento, isolamento, dificuldades sérias de comunicação, comportamentos autodestrutivos, e outros que lhe pareçam estranhos ou além dos esperados como sintomas de uma adolescência normal, os pais não hesi-

tem em buscar ajuda profissional. É sempre melhor prevenir e, como na adolescência tudo é vivido com muita intensidade, não se deve negligenciar nunca uma preocupação!

7. Enfatizar os assuntos ou atividades que despertam a curiosidade do adolescente e fazem seu olho brilhar. Importante que o adolescente saiba que sua individualidade é percebida e valorizada pelos pais, assim como seus interesses, que constituem um dos mais importantes indicadores para a escolha vocacional e que estão ligados a um chamado interno para se voltar mais para algumas coisas do que para tantas outras que existem ao redor. Essa conexão entre seu interior e o mundo à sua volta é o diferencial para uma escolha fundamentada e consciente.

8. Quando alinhados, os interesses, aptidões e o perfil de personalidade podem indicar mais naturalmente o caminho para o estudo e posteriormente para o trabalho. E, mais importante, podem favorecer o encontro de significado, que traz sentido e alegria para o percurso e que é um dos maiores objetivos dos jovens no mundo atual. Ninguém melhor que os pais para ouvirem e amplificarem esse chamado, que o conduzirá pela vida com entusiasmo.

## REFERÊNCIAS BIBLIOGRÁFICAS

ABERASTURY, A. *Adolescência.* Porto Alegre: Artes Médicas, 1980.

FELDMAN, B. *The Lost Steps of Infancy: Symbolization, Analitic Process and the growth of the Self.* The Journal of Analytical Psychology, nº 47, p. 397-406, 2002.

FORDHAM, M. *A criança como indivíduo.* São Paulo: Cultrix: 2001.

FRANKEL.R. *The Adolescent Psyche.* Essex: Routledge, 2005.

JENSEN, F. *O cérebro Adolescente.* Rio de Janeiro: Intrínseca, 2016.

JUNG, C. G. *Tipos Psicológicos.* (OC) VI. Petrópolis: Vozes, 1991.

KALINA, E. *Aos Pais de Adolescentes.* Rio de Janeiro: Francisco Alves, 1985.

LEHMAN, Y.P. *Estudo sobre a evasão universitária: as mudanças de paradigma na educação e suas consequências.* Tese de Livre Docência. Universidade de São Paulo, São Paulo: 2005.

MOLINEIRO, M.L.C.A. Vocação: *Uma perspectiva Junguiana.* (Mestrado em Psicologia Clínica). Pontifícia Universidade Católica de São Paulo, São Paulo, 2007.

SAINT-EXUPÉRY, A. *Cidadela.* São Paulo: Quadrante, 1966.

CAPÍTULO 13

# SUICÍDIO NA ADOLESCÊNCIA

LUCIANA CLARO CUNHA

A Organização Mundial da Saúde (OMS) estima que 800.000 pessoas suicidem-se anualmente. A cada 40 segundos uma pessoa comete suicídio, e a cada três segundos uma pessoa atenta contra a própria vida. A maior parte dos casos ocorre na vida adulta, entretanto o percentual de casos na adolescência tem aumentado. A mesma OMS aponta o suicídio como a segunda causa de morte nesta faixa etária e as projeções para os próximos anos é que este panorama fique ainda pior. Estima-se que até 2020 poderá ocorrer um aumento de 50% no número de mortes por suicídio em todo o mundo.

Definimos suicídio como um ato deliberado que ocorre de maneira consciente e intencional, executado pelo próprio indivíduo, cuja intenção final seja a morte. Já os comportamentos suicidas são divididos em: pensamentos, planejamento e tentativa. Ao longo da história da humanidade, o suicídio se apresenta como fenômeno em diversas culturas. Suas causas são multifatoriais e resultam de uma complexa interação de fatores psicológicos, biológicos, culturais e sócio ambientais.

É importante ressaltar que o suicídio é o desfecho de diversos fatores que se somam na história de um indivíduo e, portanto, não deve ser atribuído de forma causal e arbitrária apenas a questões isoladas e pontuais da vida do sujeito, pois, ele é a consequência final de um processo. O suicídio envolve três características mais comuns: a ambivalência, impulsividade e rigidez de pensamento. Quando pensamos no aumento global das taxas de suicídio já nos sentimos atemorizados, e como lidar com o fato deste aumento ocorrer também entre os mais jovens que tem potencialmente uma vida inteira pela frente? As transformações ocorridas nas últimas décadas poderiam estar relacionadas a isto?

Para refletirmos sobre estas indagações discutiremos a seguir particularidades da adolescência que podem funcionar como fatores de risco e discutir o papel do modo de vida da sociedade atual neste panorama.

A adolescência é a etapa da vida onde ocorre a passagem do estado infantil para a aquisição de um status de adulto. Por um lado é uma fase portadora de potencialidades de um destino ainda por vir e por outro é uma ruptura com o universo da infância e dos pais idealizados. Intensas mudanças hormonais e corporais são desencadeadas pela puberdade e concomitantemente iniciam-se mudanças na forma de pensar, agir e perceber o mundo. O adolescente tem como tarefa subjetiva avaliar seus recursos e responsabilidades pessoais e aprender como utilizá-los para obter gradualmente um conceito mais claro de quem é e do que quer ser.

Convido-os neste momento a se recordarem de como eram como adolescentes. Inconstância, intensidade, pressa, impulsividade são algumas das características que rememoraram? Na adolescência podemos sentir intensamente uma coisa naquele momento, ter certeza que isto não mudará, e depois de alguns poucos dias começar a mudar de opinião. Esta característica de viver de maneira intensa deixa o adolescente mais vulnerável a dar momentaneamente como definitivo algo que ainda pode ser provisório na vida. Como já diz o ditado popular não há mal que sempre dure nem bem que nunca se acabe; com uma única exceção na existência: a inexorável morte. Entretanto quando somos adolescentes aquela dor pela briga com a pessoa amada ou o medo de fracassar no vestibular, entre outros exemplos, pode ser insuportável num instante e se abrandar no outro. Excesso de pressão, falta de reconhecimento pelo esforço diante de desafios ou extrema valorização pelo desempenho escolar também podem ser fonte de grande angústia. E se naquele momento de dor extrema, de uma maneira impulsiva, o jovem optar por colocar fim à própria vida para sanar a dor diante da frustração?

Atualmente questões relacionadas à orientação sexual ou de gênero tem também se tornado causas cada vez mais comuns de crises na interação dos jovens com sua família e o meio em que vive. Quando não existe um espaço para acolhimento destes conflitos, o indivíduo pode se sentir sem esperança ou culpado por sua condição e em alguns casos acabar buscando a morte como solução.

Portanto características próprias da adolescência como a inconstância e impulsividade são considerados fatores de risco para o suicídio.

Outro fator de risco importante é a presença de um transtorno mental, sendo mais comuns nesta faixa etária a depressão e o abuso ou dependência de substâncias químicas, o que inclui o uso de álcool.

As transformações ocorridas na pós-modernidade podem ter contribuído para o aumento de casos de depressão e ansiedade na população como um todo, e especialmente nos adolescentes. Parece nunca haver tempo suficiente pois há uma incessante busca pela juventude e pela novidade. O consumo seja de uma roupa da nova coleção ou de uma viagem a um destino da moda contamina nossa vivência e dificulta a busca de nossos verdadeiros anseios e necessidades. Além disto, apenas consumir novidades parece não bastar, pois outra característica do momento em que vivemos é a necessidade da constante exposição nas redes sociais e o rápido e fácil acesso a um enorme fluxo de informações. Claro que existem ganhos inestimáveis com a era digital tal como a democratização do conhecimento sem precedentes, mas existe também um grande risco de ficarmos desconectados do nosso entorno real.

Estar sempre disponível e acessível tornou-se quase uma obrigação e gera uma urgência pela resposta, que por sua vez pode causar ansiedade. As redes sociais possuem um apelo específico na adolescência, pois nesta etapa da vida estar em contato e pertencer a um grupo é muito importante. Temos visto com frequência o desenvolvimento de um fenômeno que foi descrito em inglês como *fear of missing out* (FOMO) e que pode ser traduzido como "medo de estar perdendo algo". Ele é caracterizado pelo medo de que outras pessoas possam estar tendo experiências gratificantes das quais se está ausente e é mais frequente em adolescentes e adultos jovens. Neste contexto virtual e de conectividade, as redes sociais fazem um retrato das melhores experiências dos usuários. Entretanto o que se parece esquecer muitas vezes é que este é um retrato parcial e tendencioso e que não representa a totalidade das experiências. Ao sentir o medo de perder algo, passa-se a checar e atualizar as redes sociais com grande frequência. Perde-se o interesse pelo momento real e tem-se prejuízo em manter a atenção em situações como o convívio familiar e a vida escolar. O medo de estar perdendo pode acarretar aumento de sintomas ansiosos, irritabilidade e evoluir para depressão.

O excesso de vivências virtuais tem como consequência uma diminuição da interação pessoal real e o jovem perde a possibilidade de desfrutar da riqueza de percepções mais sutis como o tom de voz, o reconhecimento facial e de posturas corporais. A rapidez e grande quantidade de informações trouxeram aos adolescentes uma maior aceleração e maior risco de exposição com menor controle dos pais.

Em função do grande número de casos, a depressão é o transtorno mental mais associado ao suicídio. Pesquisas demonstram que 60% dos jovens com diagnóstico de depressão já tiveram ideação suicida e 30% tiveram ao menos uma tentativa de suicídio. Quando uma pessoa passa a se sentir triste na maior parte do tempo, causando-lhe prejuízos e sofrimento, ela pode estar passando por um episódio depressivo. Mas como diferenciar depressão de comportamentos comuns na adolescência?

A depressão é uma doença e é diferente de se estar desanimado ou triste por uma situação específica onde o jovem retorna ao seu estado normal depois de pouco tempo. Na depressão a tristeza está presente na maior parte do dia por pelo menos duas semanas representando uma mudança na maneira de ser. Ela acarreta sofrimento e dificuldades maiores que a tristeza comum. Outros sintomas comuns na depressão são: não apreciar mais situações que antes eram fonte de prazer; alterações de apetite e do sono que podem estar diminuídos ou aumentados; sentir-se culpado e sem esperança; sentir-se cansado grande parte do tempo; sentir dificuldade em se manter concentrado e de tomar decisões, e ter pensamentos frequentes sobre morte.

É importante ressaltar que nos adolescentes o humor triste muitas vezes pode ser expresso como irritabilidade e frequentemente apresentam sono e apetite aumentados. Podem apresentar grande sensibilidade a sentirem-se rejeitados e queixas físicas como dores de cabeça e dores abdominais não são incomuns.

Quais seriam as dificuldades à detecção de fatores de risco e à prevenção do suicídio?

Muitos adolescentes que cometeram o suicídio nunca haviam passado por um atendimento psicológico ou psiquiátrico.

Infelizmente ainda existe certo estigma e tabu relacionado ao tema. Questões religiosas, culturais e morais fizeram com que o suicídio fosse visto como algo vergonhoso por muito tempo e será necessário grande esforço para que nos conscientizemos da importância de não negarmos este assunto.

Este tabu, somado à falta de conhecimento adequado de como identificar fatores de riscos e a ideia errônea de que o suicídio não é frequente, dificulta a prevenção. Precisamos compreender que alguém que pensa em suicídio está doente e que julgamentos morais não ajudarão. Além disto não esquecer que é muito comum a presença de transtornos mentais principalmente depressão e abuso de substâncias psicoativas e que, se estivermos atentos para acolher o jovem com comportamento suicida, será possível encaminhá-lo em tempo hábil para tratamento e se evitar um triste desfecho.

Adolescentes que estejam bem mas que apresentem muita instabilidade no humor, histórico de atos impulsivos frequentes e dificuldade de lidar com frustrações merecem um cuidado mais próximo.

É importante que as famílias, escolas e universidades sinalizem aos jovens que existe abertura e proponham um espaço para acolhimento de conflitos, angústias e medos, sendo assim possível identificar indivíduos vulneráveis.

Portanto o entendimento deste tema por pais, educadores e pela sociedade em geral é fundamental para que tentemos mudar o panorama mundial de inúmeras mortes por suicídio.

## REFERÊNCIAS BIBLIOGRÁFICAS

- ARAIN, M. ; HAQUE, M. ; MATHUR, P. ; RAIS, A. ; SANDHU, R.; SHARMA, S. *Maturation of the adolescente brain*. Neuropsychiatry Dis. Treatment, 2013, 9:449-61.

- AUBERT, N.; HAROCHE. C. *Tiranias da Visibilidade*. São Paulo: Fap-Unifesp, 2013.

- BAUMAN, Z. *Vida para o consumo: a transformação das pessoas em mercadoria*. Rio de Janeiro: Zahar, 2008.

- BOARATI, M.A.; COSTA, C.Z.G; MORAES, A.J.J; PANTANO, T.; VIZZOTTO. A.B.D. *Intervenção Multidisciplinar no atendimento de crianças e adolescentes com transtorno de humor e de ansiedade*. In:BOARATI, M.A.; PANTANO, T.; SCVIOLETTO, D. Psiquiatria da infância e da adolescência: cuidado multidisciplinar. Barueri: Manole, 2014.

- FRANKEL, R. *The Adolescent psyche*. New York: Routledge, 1998.

- KUTCHER, S; DOUZA, E.L; PAN, P.M; COELHO, R.P.S. *Transtornos do humor - depressão e transtorno bipolar*. In: ESTANISLAU, G.M.; BRESSAN. R.A. *Saúde mental na escola. O que os educadores devem saber*. Porto Alegre: Artmed, 2014.

- MARIO SERGIO CORTELLA- Suicídio. Entrevista concedida à rádio CBN. Disponível em: <https://youtu.be/aQqWTXPbg-4> . Acesso em 10 ago. 2018

CAPÍTULO 14

# ORIENTAÇÃO DE PAIS

## Autoridade e Ambivalência dos Pais na Contemporaneidade

EDNA GARCIA LEVY

> *É preciso que tenha sido alcançada a finalidade educativa de adaptação ao mínimo necessário de normas coletivas: a planta que deve atingir o máximo desenvolvimento de sua natureza específica deve, em primeiro lugar, poder crescer no chão em que foi plantada* (JUNG).

A Orientação de Pais é um recurso muito utilizado por pais de crianças e adolescentes, assim como por famílias de adultos com necessidades especiais.

Essa atividade tem como objetivo discutir e esclarecer questões ligadas ao desenvolvimento infantil, buscar melhor desempenho e mais conforto dos pais com relação à educação e identificar e orientar a influência bilateral na relação pais-filhos e suas consequências.

Os objetivos são construídos sem que se perca de vista outros pontos de suma importância: alcançar uma relação familiar afetuosa, com uma comunicação clara e franca, que se manifeste como geradora de confiança, segurança e potência para os membros da família.

É importante mencionar que, atualmente, a Orientação de Pais pode ser estendida a outras pessoas, familiares ou não, cujo papel ou vínculo seja relevante para o paciente, como, por exemplo, avós, babás e outras pessoas da família que ajudam nos cuidados da criança.

A parceria pais-psicólogo definirá se o processo de orientação será bem-sucedido e, para que seja, de fato, é fundamental que se estabeleça uma relação de confiança entre esses parceiros.

Nesse espaço de escuta devem ser acolhidas dúvidas individuais, divergências familiares, questionamentos, orientações e encaminhamentos para outros profissionais, caso seja necessário.

O papel do psicólogo é auxiliar a família na compreensão de suas dificuldades e dar o apoio emocional e a orientação profissional às questões apresentadas.

## RECORTE HISTÓRICO DAS MUDANÇAS DO CONTEXTO DA FAMÍLIA

> *[Ética é] um conjunto consensual de valores que influencia os procedimentos dos indivíduos dentro da sociedade, que é também dinâmico e vai sendo mudado de acordo com a evolução da comunidade* (DIAS).

Por dois séculos, as sociedades tiveram a palavra DEVER como um referencial da ética, utilizando-a como um filtro moral severo, exigência do domínio de si próprio, que consagrava as virtudes individuais e coletivas, exaltando a abnegação e o interesse gregário.

A educação era forjada com disciplina rígida e coercitiva e dever filial de obediência. O diálogo entre pais e filhos era desestimulado, pois era visto como ameaça à autoridade parental. As relações eram verticais e hierárquicas. Os filhos viviam em um contexto familiar mais próximo dos adultos de sua família, dos quais adquiriam uma "receita pronta" para dirigir sua vida. Muito embora inexperientes, os filhos tinham uma regra de conduta internalizada.

A ética era caracterizada pelo cumprimento das obrigações, devotamento à família, à sociedade e à Pátria.

Após 1960, as sociedades passaram a valorizar o direito do indivíduo igual e independente, a busca da felicidade, a estimulação dos sentidos e a liberdade aqui e agora - o DEVER foi substituído pelas solicitações do DESEJO/PRAZER.

Nesse período surgiu a Contracultura, movimento social e corrente intelectual que trouxe como característica a negação total dos valores vigentes até então. Sua marca era a oposição à ideia de família que transmitia valores considerados conservadores e ultrapassados, que impediam o ideal de liberdade.

Defendiam-se a vida comunitária, a luta pela paz, o anticonsumismo, o respeito às minorias raciais e culturais, as experiências com drogas psicodélicas e a liberdade nos relacionamentos amorosos e sexuais. A partir dessa época, houve aumento do número de separações entre casais e o surgimento de famílias reconstituídas.

Havia, ainda, uma crítica aos meios de comunicação de massa, aos princípios do capitalismo e à economia de mercado.

O objetivo era criar novas maneiras e estilos de viver e novas opções de valores culturais, essencialmente diferentes dos modelos que prevaleciam no passado, e difundi-los das mais diversas formas.

Por volta de 1990, as mudanças já aconteciam em ritmo acelerado. O modelo de família nuclear (pai-mãe-filho) mudou, teve seus laços afrouxados. A valorização do trabalho do casal parental provoca o ingresso precoce da criança na creche-escola e passa a haver, consequentemente, menor contato dela com os adultos da família, que deixa de ser a única fonte de transmissão de valores para seus filhos. Agora, eles passam a receber valores desvinculados da estrutura familiar, transmitidos pela escola e pela mídia.

Ganham espaço então, na última década do século XX, novas formulações familiares com distintas possibilidades: família matrimonial (casamento, seja heteroafetivo ou homoafetivo), família informal (união estável, heteroafetiva ou homoafetiva), família monoparental, (apenas um dos pais, feminina ou masculina), família mosaico (composta por pais que tiveram mais de um casamento, que têm filhos dessas uniões e que vivem juntos ou se visitam em tempos determinados) e outras mais.

A experiência familiar passou a ser mais complexa, já que podia envolver mais de um núcleo conjugal e familiar, o que lhe conferia um caráter de algo a ser construído por diversas pessoas de origens e valores diferentes.

Em virtude das múltiplas formas de composição familiar e dos laços afetivos e sociais delas resultantes, emergem diversos padrões de autoridade e observam-se alternância ou ausência de lideranças no grupo familiar.

A função "materna" ou "paterna" passou a ser desempenhada por quaisquer dos parceiros, mesmo quando exercida de forma mais marcante por um ou outro dos membros do casal. Os papéis parentais passaram a ser exercidos com igualdade de direitos e responsabilidades. Ambos os pais podem se responsabilizar pela educação e orientação, garantir a assistência material e moral, exercer autoridade, zelar pelos cuidados do dia a dia e garantir a troca afetiva.

A família se estabelece como uma rede, com relações horizontais e igualitárias, em que as individualidades são preservadas. É antiautoritária. Pode, também, ser mais vulnerável e instável.

Em virtude do menor tempo disponível para a convivência entre pais e filhos, a transmissão de valores acaba sendo preenchida pela escola e pela mídia, de maneira oscilante, menos diferenciada e não individualizada. A falta de uma regra de conduta internalizada - aquela "receita pronta dos adultos da família" para dirigir a vida dos filhos - pode gerar dificuldades na integração e adaptação às regras e valores coletivos e sociais.

## O MOMENTO ATUAL

Após essa viagem no tempo, fica mais fácil perceber como se deram as grandes mudanças que afetaram a estrutura familiar. Sinteticamente, a família partiu de um modelo vertical e hierárquico, mas autoritário, para adotar um modelo antagônico, horizontal e igualitário, mas ambíguo, com relação à autoridade e responsabilidade parental. Mas a família continua a ser afetada pelas exigências do mundo externo.

Hoje, há uma grande exigência com relação a estudos, cultura, aperfeiçoamento profissional e estabilidade financeira. Consequentemente, as pessoas estão se casando mais tarde.

Quando o casal de sente pronto e motivado para se tornar pais, é muito provável que, no caso da mulher, ela já esteja ansiosa e pressionada vendo o tempo passar e a probabilidade de ter dificuldade para engravidar, sendo mais um fator gerador de estresse.

Grande parte das mulheres sempre acumularam responsabilidades pessoais, profissionais e familiares, e agora os homens também acumularam a conquista de participação mais efetiva e próxima na vida diária dos filhos à jornada de trabalho e vida pessoal. O grande desafio que vivemos é equilibrar a busca pelo sucesso profissional, a estabilidade financeira da família e o "padrão idealizado de educação do filho".

De maneira geral, os pais desejam dar a seus filhos uma educação ainda melhor do que receberam. Eles carregam altas expectativas com relação ao padrão de qualidade da escola, cursos de idiomas, educação esportiva e musical, planejam um intercâmbio na adolescência... Contudo, se para conseguir dar conta desse rol ideal de atividades educativas do filho, os pais precisam se manter muito afastados da criança, terceirizando a educação à escola ou a outros ajudantes, pode não valer a pena!

É preciso convivência para transmitir os valores familiares com apoio mútuo entre os pais e compartilhar a experiência familiar de cooperação, respeito, colaboração entre os membros, troca afetiva e emocional. A internalização destes valores requer tempo e repetição de vivências – é a educação pelo exemplo. A falta de referência parental causa danos, às vezes irreparáveis, aos filhos.

Nestes meus 30 anos de trabalho na clínica, tenho acompanhado muitos pais que se sentem desorientados sobre como educar seus filhos. Cito, de forma breve e genérica, alguns exemplos de situações mais comuns trazidas pelos pais e as orientações apresentadas.

## NASCIMENTO DO PRIMEIRO FILHO

### a. A vida mudou, principalmente a vida sexual

**Cena (família matrimonial heterossexual, casal na faixa de 40 anos):** O pai diz: "Ter filhos mudou nossa vida, principalmente a vida sexual! Nosso relacionamento piorou, estamos muito irritados um com o outro. O desejo sexual diminuiu para nós dois e é muito difícil ter um momento de privacidade". A mãe fala: "O bebê não para de chorar, eu me sinto exausta, o corpo todo dói. Sinto sono o tempo todo. Ao olhar para a cama, a única ideia que me vem à cabeça é dormir! Não me sinto sensual".

A crise faz parte do processo de transição. Desde a gravidez até depois do nascimento do bebê, as mudanças afetam a identidade do casal de modos diferentes. Mãe e pai estão trabalhando internamente a inclusão do novo membro da família e tentando redefinir qual é o espaço destinado para o casal. A chegada da criança acarreta profundas transformações sociais, psicológicas e físicas na vida deles. Essas mudanças não podem ser descuidadas, pois, apesar do desgaste físico e emocional, trazem muita alegria e felicidade aos novos pais.

Muitas dúvidas rondam os pensamentos dos dois: Mudou tudo? Não sou mais importante? Perdi meu lugar na vida dele(a)? A vida que tínhamos acabou? Não há espaço para mais nada?

O filho pode melhorar a relação do casal, acrescentando companheirismo e mais colaboração, quando o aumento de tarefas e a diminuição do tempo de descanso é discutido e se busca a divisão da rotina diária, aliviando para ambos esse peso.

O mesmo deve se dar com relação ao lazer: é possível buscar saídas para não abrir mão do encontro com amigos, do cinema, do jantar a dois. Cada casal pode buscar sua solução própria, sendo que a mais comum é lançar mão de sua rede de apoio (avós, tias, amigos ou ajudantes do lar) e saírem os dois para um programa. Podem, ainda, optar pelo revezamento para encontrarem os amigos. Manter o lazer é fundamental para se reabastecer, abrir um espaço para a vida social individual e de casal e cuidar da conexão amorosa entre os parceiros.

Na oposição, um casamento pode não suportar as mudanças trazidas pela chegada do bebê, quando não há, de fato, uma relação conjugal sólida e o casal está ligado primariamente pelo sexo, pois não haverá estrutura de parceria, empatia e compreensão para sustentar a série de mudanças que chegam com a parentalidade.

Essas situações são intrínsecas a este processo de transição. São comuns a todos os pais, mas esta fase pode ser de muito crescimento individual e como casal. Em geral, o período mais difícil vai até os seis meses do bebê. A partir desse ponto, ele já tem um ritmo de alimentação e sono mais definido, o que fará surgir algumas “ilhas de tempo” durante o dia e à noite, quando os pais poderão cuidar um do outro e se reconectarem como casal.

Aproveito para dar uma breve orientação para os cuidados do bebê. Manter a rotina da alimentação e do sono ajuda o bebê a perceber quando é hora de fazer o quê, e isso gera segurança. Nos horários do sono diurno, é aconselhável que o quarto esteja claro, para que ele diferencie o dia da noite.

À noite, com um ambiente calmo e amoroso, prepare um ritual diário: se puder, inicie com uma massagem relaxante (Shantala) e, em seguida, um banho bem gostoso. Depois, diminua as luzes. É a hora da mamada ao som de uma canção de ninar na voz de um dos pais. E berço.

Com a repetição, ele entenderá que é a hora de diminuir o ritmo e dormir. Agora, papais, aproveitem para descansar também.

O resultado da crise do processo de transição depende da estrutura anteriormente estabelecida como casal, como comentamos acima, mas também da criatividade e humildade de ambos para buscarem estratégias de ajuda para superarem os conflitos e os momentos difíceis, visando manter a chama do casal acesa e constituir uma família feliz e estruturada.

### b. Ida para o berçário

**Cena (família monoparental feminina, mãe com 30 anos):** “A licença maternidade está acabando e está muito difícil para mim separar-me de meu filho. Estou muito dividida, pois, ao mesmo tempo em que não quero deixá-lo com pessoas estranhas, sinto falta de meu trabalho, minhas atividades profissionais. Durante esses meses, eu fui só a mãe, quero voltar a ter o meu espaço. Mas, apesar de isso ser necessário, eu me sinto culpada".

Colocar o filho na creche não é abandono. Entendemos que a separação é difícil, mas é necessário vê-la como uma etapa natural, tendo em vista que a maioria dos pais trabalham. A ida para o berçário marca a primeira separação dos pais ou das pessoas que fazem parte do seu mundo, assim como uma mudança em sua rotina diária.

Por volta do quarto mês, o bebê começa a reconhecer o que é familiar, e o novo pode trazer a sensação de medo e desamparo. A fase de adaptação ao berçário é muito importante para pais e filhos. Para a criança, é a inclusão em um mundo novo e diferente, em que ela precisará da ajuda e proteção de adultos estranhos a ela, para que possa conquistar seu espaço e desenvolver boa convivência com outras crianças e adultos.

Para que não tenham culpa de deixar o filho na creche, o primeiro passo para os pais é conhecer a estrutura e o funcionamento do berçário e, nas visitas, observar se o ambiente é agradável e arejado, convidativo para as crianças, se as medidas básicas de segurança estão presentes em todos os ambientes e se as instalações estão bem mantidas. Esse reconhecimento ajudará a se sentirem seguros em entregar os cuidados de seu filho.

Se perceberem que estão deixando seu filho em boas mãos, quase tão boas quanto as suas, ficarão tranquilos e transmitirão segurança e confiança para a criança.

Se o bebê ainda não fala, é importante sempre observar o comportamento dele ao chegar ao berçário. Comportamentos como choro, inquietação, respiração intensa, contração muscular ou coração acelerado podem indicar que ele está inseguro ou com medo. Já se ele se atira no colo da cuidadora, alegre e feliz, fiquem tranquilos, pois ele se sente seguro no lugar.

A maternidade é um período de realização em um campo da vida da mulher. É importante mantermos esta realização também em outras atividades que nos fazem bem. Este é o primeiro corte do cordão umbilical e outros virão para o crescimento dos filhos. Se os pais estiverem felizes em serem pais e realizados em suas atividades, transmitirão esta tranquilidade e plenitude aos filhos.

## AUTORIDADE DOS PAIS

A comunicação saudável torna mais fácil o relacionamento entre pais e filhos. Lembre-se de transmitir de forma clara seu pensamento e falar em voz baixa, dando espaço para que seu filho fale e ouça efetivamente. Contra-argumentar e justificar seus pontos não é demonstração de segurança. Com os pequenos, abaixe-se e fique na altura do rosto de seu filho – o diálogo olho no olho transmite segurança, respeito e disponibilidade para o outro.

Afeto e intimidade são os alicerces para a construção de uma relação de confiança na autoridade dos pais, e as crianças estarão mais dispostas a aceitar as regras quando as vivenciam como orientação.

### a. Autoridade em desarmonia

**Cena (família mosaico heteroafetiva, segundo casamento do pai, filha de 13 anos):** após pedir ao pai para sair com as amigas e não obter permissão, a filha pede o mesmo para a mãe, e esta desautoriza o pai, permitindo que a filha saia.

Seria utópico imaginar que os pais estarão sempre de acordo com relação à educação dos filhos, mas o ponto importante a ser observado é que um não pode desautorizar o outro.

Diante da discordância declarada entre os pais, é necessário que conversem, sem a presença dos filhos, e cheguem a um denominador comum. É preciso entender os motivos dos dois lados, o porquê de um ter permitido e o outro não.

No caso mencionado, o pai via a filha como uma criança, apresentava regras rígidas e, às vezes, invadia sua privacidade. A mãe entendia que a filha estava na adolescência e que tinha necessidade de estar com as amigas e amigos, vontade de conhecer coisas novas e que isso era essencial para que ela se desenvolvesse. Apesar dessa aparente adequação, a mãe achava difícil dizer “não” à filha. Dizer “não” é trabalhoso, exige paciência e persistência... Mas aprende-se mais enfrentando as frustrações apresentadas pela vida.

E, de conversa em conversa, as regras vão sendo acertadas e construídas pelos pais. Quando ocorre desautorização de um dos pais, é aberta uma brecha na relação parental, que se torna mais fraca. A filha identifica quem é mais flexível com as regras da família e quem zela mais pelos limites. Assim, rapidamente, a adolescente pode passar a usar de manipulação para conseguir satisfazer seus desejos.

O mais danoso para a educação é a mensagem subentendida pela filha, de que não precisa respeitar a decisão de um ou de outro, visto que os pais não se respeitam entre si. Nessa situação muito comum nas famílias, ficam em cheque os valores: obediência e respeito.

Outras consequências possíveis são, em situações em que as discordâncias são gritantes e constantes, os filhos passarem a não confiar nos parâmetros de nenhum dos pais, ficarem confusos e não saberem a quem obedecer, gerando grande insegurança.

O fundamental é demonstrar que os pais estão de comum acordo sobre os princípios da educação e que, juntos ou separados, as regras são as mesmas e eles são a autoridade diante do filho.

### b. Esquivar-se de sua autoridade parental

**Cena (família informal heteroafetiva, casal na faixa de 35 anos, filha de oito anos):** o casal diz que a filha é cheia de energia e irrequieta. A mãe diz que não consegue fazer com que ela vá dormir na hora adequada. Então, espera o pai chegar à casa para colocar a filha na cama. O pai se mostra inconformado com isso: afirma que chega cansado e ainda precisa apaziguar a situação para a filha dormir.

Precisamos entender os porquês da situação: por que a mãe não consegue exercer sua autoridade? Por que o pai também se ressente de exercer esse papel?

Tivemos uma longa conversa sobre como os dois se sentiam com relação às responsabilidades e o exercício da parentalidade. Ambos estão em momentos de ascensão e muita exigência em suas carreiras profissionais. O propósito do casal é trabalhar mais agora para garantir mais flexibilidade no futuro. Foi ficando cada vez mais claro o sentimento de culpa de ambos por se sentirem ausentes na vida da filha. Foram surgindo situações distorcidas em termos de dar limites: a prática inadequada de recompensas e, no momento de perda de paciência, ameaças que obviamente não eram cumpridas.

É hora de rever as regras da família... Os pais, juntos, estabelecerão poucas regras que sejam fáceis de ser executadas pela filha. Isso facilitará para que os pais tenham persistência e não cedam.

Juntos, terão uma conversa explicando, de maneira clara, os motivos para que ela durma às 21h, dizendo-lhe, por exemplo, que, normalmente, uma criança de oito anos precisa ter nove horas de sono, para estar bem disposta no dia seguinte e ter um bom desempenho em suas atividades escolares. O combinado é que isso deverá ser cumprido por ela, sem manhas e birras, entre domingo e quinta-feira. Na sexta-feira e sábado em razão de ela não ter aula no dia seguinte, o horário poderá ser mais livre, de acordo com a decisão dos pais.

O cumprimento do combinado deverá ser elogiado, demonstrando que vocês acreditam que ela pode cuidar de si mesma nesse aspecto.

Mostrem que nossos atos têm consequências. Se ela não cumprir o combinado, expliquem novamente com calma e digam-lhe que tal comportamento é inaceitável. Numa próxima vez que isso acontecer, ela receberá uma reprimenda. A punição deve ser deixada como último recurso.

Um aspecto importante é que a repreensão tem mais efeito quando o assunto é tratado imediatamente após o fato reprovável ter acontecido. Conversar sobre consequências precisa acontecer no frescor da ação da criança e, se for o caso de aplicar uma reprimenda, ela deverá ser imediata e razoável, compatível com o que queremos corrigir (neste caso, por exemplo, no dia seguinte, na hora livre após a escola, ela não poderá assistir ao programa "X" de que gosta muito e precisará descansar, pois não dormiu o suficiente durante a noite).

No caso de a filha desafiar os pais, a reprimenda deverá ser aplicada. Serem firmes e carinhosos ao mesmo tempo. Acolher a frustração da filha, mas não ceder. Ela precisa entender que o limite dado não significa falta de amor.

Outra recomendação importante: não se deixar dominar pela irritação e dar punição desmedida (por exemplo, ficar um mês sem encontrar as amigas). Dessa maneira, a reprimenda perde o sentido e o limite dado se perde junto com sua autoridade.

Os pais têm a mesma autoridade e devem exercê-la imediatamente diante das situações que se fizerem necessárias. A filha precisa ter a segurança de que qualquer um dos pais é responsável por ela em todos os sentidos, e sentir que o limite faz parte da vida e não significa falta de amor.

Esse é um trabalho de formiguinha, que exige perseverança e coerência.

### c. Omissão à autoridade parental

**Cena (família monoparental feminina, filho adulto de 23 anos com Síndrome de Down):** o rapaz tem apresentado comportamentos inapropriados e inconsequentes em um grupo de jovens de que participa. O grupo todo está muito contaminado por uma novela a que assistem e está muito curioso com o prazer que o contato com o outro pode trazer. A mãe diz que não sabe como lidar com isso e está muito assustada, pois seu filho "é inocente e não tem essas maldades".

Como trabalhar a orientação sexual com a mãe, que sequer admite que seu filho tenha necessidades sexuais, e diz claramente que não se sente preparada para desempenhar essa tarefa?

Essa mãe é muito sozinha na educação do filho. Tem a guarda total dele desde que se divorciou, quando o filho tinha dois anos. O pai aparece muito raramente, às vezes na época do Natal. A mãe via seu filho como uma criança e negava a naturalidade da expressão de sua sexualidade. Para ela, ele era assexuado.

O rapaz assistia a uma novela que era uma febre naquele momento, e que exibia muitas cenas de sexo. Ele via os artistas que admirava atuando aquelas cenas na televisão e passou a imitá-los, assim como fizeram alguns de seus colegas de grupo, mas sem capacidade crítica em relação à adequação de alguns comportamentos em público.

Os palavrões começaram a ser ditos insistentemente. Mais tarde ele me disse que sentia uma sensação boa quando falava palavrões, "uma alegria, como se jogasse um monte de coisa para fora". Depois, surgiram os agarramentos nos cantos, na hora do intervalo, imitando as cenas de um dos casais de jovens da novela. Ele não entendia muito bem a situação, mas descobriu que aquilo dava uma sensação de alegria maior ainda!

A mãe não sabia o que fazer, mas teve a humildade de buscar ajuda para seu filho. Estava claro que era essencial orientar a expressão natural da sexualidade, que estava inadequada.

A sexualidade abrange um conjunto de excitações e de atividades realizadas desde a infância, que dão a sensação de prazer, como, por exemplo, mamar, excretar, tocar e ser tocado. Fazem parte da sexualidade as estimulações corporais em si próprio e no outro, a sensualidade através do vestir-se, atitudes sedutoras, e muitas outras além do ato sexual em si. A pessoa com necessidades especiais deve receber orientação sexual, pois esta promoverá o entendimento das sensações e sentimentos que ela percebe em si e nos que a rodeiam, eliminando o sentimento de culpa. Além do entendimento, a orientação direcionará de forma adequada a expressão da sexualidade, evitando que a pessoa com necessidades especiais seja exposta a situações não aceitas socialmente.

Decidimos fazer, separadamente, a orientação à mãe e a orientação sexual para o filho.

Nas primeiras semanas, havia listas de perguntas muito específicas sobre ações, que denotavam muita curiosidade e ansiedade: como beijar, como fazer sexo, e muitos outros "comos". Tudo era explicado na linguagem do rapaz, usando-se recursos pedagógicos adequados (imagens e desenhos), absolutamente dentro do contexto que era perguntado.

A ansiedade e as listas foram diminuindo. Ele passou a sentir que, naquele espaço, tudo poderia ser perguntado, nada ficaria sem resposta, e seria explicado até que ele compreendesse e estivesse satisfeito em sua necessidade.

Os palavrões desapareceram, pois não eram parte de sua expressão pessoal. Os agarramentos também não aconteceram mais, porque foram entendidos como uma expressão afetiva, íntima e pessoal.

Depois do encerramento dessa primeira etapa, o foco da

orientação passou a ter outra tônica – relações amorosas, namoro, casamento, amizades, medos e inseguranças e a falta do pai. O jovem se desenvolveu de forma muito positiva. Passado algum tempo, começou a namorar uma colega de grupo, também portadora de Síndrome de Down.

A mãe manifestou estar tranquila e aliviada pelo encaminhamento da questão. Sua preocupação passou a ser a vida sexual ativa de seu filho ou a eventualidade de ele querer se casar. Estes temas passaram a fazer parte de sua orientação, que, nesse estágio, já acontecia em intervalos bem mais espaçados.

Nessa situação, não se pode deixar de frisar que a responsabilidade dos pais é um dever irrenunciável, pois crianças ou adultos com necessidades especiais são considerados seres vulneráveis por estar em desenvolvimento ou requerer tratamento especial.

Atribui-se aos pais o dever de assistir, criar e educar os filhos, abarcando suas necessidades bio-sócio-psíquicas, o que está vinculado à satisfação das demandas básicas, orientação moral, apoio psicológico, troca de afeto e acompanhamento físico e espiritual ao longo da vida. Esses deveres de assistência e convivência familiar passaram a ser encarados como direito dos filhos, no sentido de dar oportunidade para seu desenvolvimento.

A omissão ou negligência na relação paterno-filial são experimentados como abandono afetivo e produzem sequelas de ordem emocional e reflexos no desenvolvimento dos filhos. Os sentimentos de dor e abandono podem deixar marcas permanentes em suas vidas.

Para concluir, no papel de orientadora de pais, destaco que, sob um discurso de liberdade e flexibilidade na relação entre pais e filhos, muitas vezes se esconde a falta de um referencial de responsabilidade e comprometimento com a educação.

A ausência de um padrão de autoridade coerente e compreensível predispõe os filhos a, no futuro, conduzirem suas vidas familiares da mesma maneira, por não terem internalizado instrumentos para lidar com limites e frustrações. Agindo assim, os pais não estão cumprindo seu dever maior para com os filhos: dar-lhes uma estrutura sólida de valores para guiá-los no futuro.

O melhor modo de educar nossos filhos é dar testemunhos coerentes com nosso discurso. Não existe mentira útil, assim como não há justificativa para não cumprir a palavra dada. Precisamos, então, fazer um exercício de autocrítica, no sentido de refletirmos sobre se nossas atitudes estão de acordo com o que cobramos de nossos filhos, pois os filhos seguirão nosso exemplo. Como diz o ditado popular, "As palavras ensinam, mas somente os exemplos convencem".

Deixo-lhes três palavras para acompanhá-los na jornada fascinante que é a educação de nossos filhos: **amor, perseverança e coerência.**

## REFERÊNCIAS BIBLIOGRÁFICAS

JUNG, C.G. *Tipos Psicológicos*. (O. C., v. VI). Petrópolis: Vozes, 1991.

DIAS, Victor R.C.S. *Vinculo Conjugal na Analise Psicodramática: diagnóstico estrutural dos casamentos*. São Paulo: Ágora, 2000.

CAPÍTULO 15

# OS AVÓS NA CONTEMPORANEIDADE

DENISE MAIA

*Os avós mostram aos netos que os picos das montanhas existem, mas sempre cabe aos pais mostrar como se deve chegar lá* (PROVÉRBIO CHINÊS).

Em muitas culturas e sociedades, as pessoas mais velhas são reverenciadas por serem portadores da noção de origem e transmissores da ancestralidade.

Avós são representantes de gerações anteriores, fontes de heranças familiares e culturais, contribuindo para a formação e desenvolvimento da identidade de seus netos.

Como nos contos infantis, a vovozinha do passado tinha cabelos brancos, chinelos, óculos, um rosto bonachão, cuja imagem era associada à fragilidade, limitação e dependência, era a boa velhinha...

Os avós hoje são pessoas ativas, personagens ricas de recursos, experiências e vitalidade, podendo contribuir com a família e com a comunidade, o que traz novas formas de relacionamento com os seus netos.

Sem dúvida, a partir do interesse e envolvimento em outras áreas, estarão mais nutridos, não vivendo apenas para serem avós.

A sabedoria da experiência de ter vivido tantos anos, trazendo a segurança construída pela vivência, não exclui a espontaneidade e a abertura para novos conhecimentos, ao contrário, inclui descobertas, fracassos e recomeços, coração atento e disposição para aprender de novo.

A relação com os netos remete ao passado, à criação dos filhos, mas traz um novo sentido à vida, resgatando memórias antigas. Ao contar a vida de seus filhos pequenos aos netos, trocas afetivas e cognitivas tão importantes acontecem.

Cabe aos avós acreditar e validar os pais que seus filhos se tornaram, valorizando-os com seus netos.

Pais e avós podem se associar tornando-se legítimos aliados, observando limites, disponibilizando-se à escuta e ao diálogo, abertos às suas crianças.

Há uma condição de simetria e a arte de ser avós está no equilíbrio entre ouvir o que é pedido, sem intervir ao não ser solicitado. Estar disponível sendo presente, mas não invasivo ou invadido.

Em 2011 ficou estabelecida uma lei que aborda e garante a convivência dos avós com seus netos, vínculo de grande importância para ambas as partes. Embora os avós sejam hoje mais ocupados em seus afazeres, estão ainda disponíveis para a escuta e a brincadeira. Isto permite à criança uma comunicação importante com o prazer e com o afeto – juntos, podem redescobrir no tempo as brincadeiras de outrora.

Segundo Araújo (2015), as crianças na contemporaneidade são precoces na construção de seu conhecimento, sendo interlocutores para os mais velhos.

Assim avós e netos aprendem e ensinam uns aos outros.

Na falta dos pais, os avós são provedores emocionais e financeiros, sendo responsáveis pelos seus netos. No processo dos conflitos em separações, há a constatação de que a continuidade da convivência entre avós e netos é de extrema necessidade na formação da personalidade da criança. Em momentos de grande sofrimento nos quais a família se desestabiliza, os avós trazem a base emocional necessária para que ela possa se reorganizar frente à nova realidade.

Muitas vezes os avós são chamados a participar como cuidadores de seus netos, por vezes ficando mais com eles do que os próprios pais. É importante que não tentem ajudar mais do que o solicitado, atentos ao seu papel e aos seus próprios limites.

Como avós, não são o pai ou a mãe - limites e regras não pertencem a eles - são dos pais os valores e a ética com que conduzirão a vida dos filhos.

Respeitando-se o lugar e o papel de cada um, o sistema familiar torna-se uma organização saudável.

Que o vínculo entre pais e avós seja de fato de ajuda mútua, sem interferência ou competição!

Pires (2015) sugere o termo "voternidade", diferindo da maternidade, onde há a oportunidade de trocas afetivas à medida do desejo e das possibilidades. Quando isto é possível é devolvido aos avós o papel de usufruir o momento presente de sua vida e a relação com seus netos, a partir do lugar de avós.

Quando os papéis se sobrepõem todos perdem: os pais que não exercem seus papéis juntos aos filhos; os netos que não usufruem a presença dos pais nem dos avós como simplesmente avós e os avós que perdem a possibilidade de vivenciar esta tão merecida fase, sem cobranças e sem obrigações.

Na relação com os seus netos, os avós revivem o papel de pais, mas com outro significado. Há um rito de passagem para um novo estágio, no qual os avós passam a viver o prazer de estar com as crianças, sem ter a mesma responsabilidade dos genitores.

Há um diálogo entre três gerações - passado, presente e futuro vão se propondo, há a memória e as lembranças que inspiram o presente e promovem uma ideia de continuidade - gerações se sucedem, trazendo as perspectivas de futuro, uma certeza de que a vida segue em frente: votos de confiança e renovação, referência do sagrado que inclui, além da origem, o sentido da vida e a presença da morte.

Finalizo com algumas reflexões importantes que permeiam estas valorosas relações.

Como é importante a consciência dos limites da relação avós e pais!

O que cada um deseja?

O que cada um permite?

Avós não são os pais e precisam respeitá-los, não os desautorizando com os netos.

Pais não podem ver os avós como babás e precisam valorizá-los inclusive com os netos.

Em quantos momentos os avós podem e deveriam ser solicitados, apoiando, aliviando e validando o papel dos pais!

No campo da afetividade, as crianças ao incluírem seus avós nas brincadeiras, vivenciam o contato com o afeto mais puro, liberto das obrigações parentais...

*"Existem avós de todos os jeitos:*

*Tem aqueles que a gente vê toda hora, todo dia ...*

*Tem aqueles que a gente vê pouco e outros ainda que a gente não verá nunca mais...*

*Tão especiais os avós que a gente não esquece jamais..."*

(GUTO LINS)

## REFERÊNCIAS BIBLIOGRÁFICAS

ARAÚJO, C. A. de. *Relação entre avós e netos no mundo de hoje*. Disponívem em: <http://www2.uol.com.br/vyaestelar/familia_e_como_umaempresa.html>. Acesso em 12 jul. 2015.

MAIA, D. D. *O autorretrato revisitado de uma avó*. In Self (revista eletrônica do IJUSP). São Paulo, 2016. Disponível em <https://self.ijusp.org.br/self/article/view/4>. Acesso em 04 mai. 2016.

PIRES, S. *Voternidade*. São Paulo: Biblioteca 24hs, 2015.

# SOBRE AS AUTORAS

**AIMEE GRECCO**, psicóloga. Psicoterapeuta individual (crianças e adultos), de casal e Família. Formação em Cinesiologia Psicológica. Mediadora Familiar. Docente em Mediação de Conflitos. Docente em Práticas de Justiça Restaurativa. Facilitadora de grupos para Solução de Conflitos.

Contato: aimeegrecco@uol.com.br

**ANGELA SCUOPPO,** Psicóloga Clínica. Psicoterapeuta de crianças, adolescentes e familias, com especialização pelo Instituto Sedes Sapientiae (1984) e Instituto Familiae (2004) de São Paulo. Dedica-se ao desenvolvimento, ensino, supervisão e publicação de artigos sobre o Método de Integração Fisiopsiquica - Calatonia, no Brasil e na Itália.

Contato: angela@scuoppo.com.br

**BEATRIZ VERO**, Psicóloga clinica, membro analista da SBPA- SP e da IAAP (International Association for Analytical Psychology), membro do NEPIA núcleo de estudos e pesquisas da infância e adolescência da SBPA. Atua em consultório de psicologia no atendimento de crianças, adolescentes e adultos, casal e família. Trabalha com Sandplay, orientação de pais e psicodiagnósticos/avaliação neuropsicológica.

Contato: bia.vero@uol.com.br

**CÁSSIA CARDOSO PIRES**, psicóloga clínica de adolescentes, adultos, casais e famílias. Especialista em Terapia de Casal e Família pelo Instituto Moreno de Psicodrama e pela Sociedade Brasileira de Psicologia Analítica (SBPA). Orientadora Vocacional e Neuropsicóloga formada pela Faculdade de Ciências Médicas da Santa Casa de SP.

Contato: cassiacpires@hotmail.com

**DULCE HELENA RIZZARDO BRIZA**, membro analista da International Association for Analytical Psychology, membro fundadora do IPAC e do IJPR, presidente do IJUSP de 2012 a 2016, coordenadora do Núcleo de Alma Brasileira e da Comissão de Ética do IJUSP. Autora do livro "A Mutilação da Alma Brasileira: um estudo arquetípico"(Vetor) e co-autora de "Puer-Senex" (Vozes).

Site: dulcehelenabriza.com.br   E-mail:brizadhr@uol.com.br

**EDNA GARCIA LEVY**, Psicóloga, Analista didata junguiana, Terapeuta didata de Sandplay – jogo de areia, especialista em Psicologia aplicada à cardiologia. Membro fundador, Didata de Sandplay e atual Presidente do IBTSANDPLAY– Instituto Brasileiro de Terapia de Sandplay e da ISST-International Society for Sandplay Therapy (Suiça). Membro Didata do IJUSP-Instituto Junguiano de S.Paulo; da AJB- Associação Junguiana do Brasil e da IAAP -International Association for Analytical Psychology. Autora do livro "Tornar-se quem se é. A constelação do Self no Jogo de Areia

Contato: ednalevy@uol.com.br

**EMILIA F. A REIS MARCATTI**, psicóloga formada pela PUC- SP, com especializações em Psicoterapia Junguiana Coligada as Técnicas de Abordagem Corporal e Cinesiologia no Instituto Sedes Sapientiae, Terapia de Casal pelo Instituto J. L. Moreno eTerapia Familiar pelo Instituto Familiae. Participa atualmente do Núcleo de Estudos do Desenvolvimento Humano na Sociedade Brasileira de Psicologia Analítica Atua em consultório particular atendendo crianças, adolescentes, adultos, casais e famílias.

Contato: emiliamarcatti@gmail.com

**LUCIANA CLARO CUNHA** é psiquiatra pelo Instituto de Psiquiatria do Hospital das Clínicas da Universidade de São Paulo. Membro analista da SBPA-SP e filiada a International Association for Analytical Psychology. É também autora colaboradora do livro Síndromes Psiquiátricas-Diagnóstico e Entrevista para profissionais de saúde mental (Ed. Artmed) e do capítulo Adolescência e a Contemporaneidade do livro Pescaria Noturna (Ed. Apris).

Contato: dralucianaclarocunha@gmail.com

**MARCIA BAPTISTA**, psicóloga, mestre em Psicologia clínica no Núcleo de Estudos Junguianos da PUC-SP, especialista em Psicopedagogia clinica pelo Instituto sedes Sapientae, professora de Psicologia do Desenvolvimento e Psicologia Junguiana no Instituto Freedon, Participa atualmente do Núcleo de Estudos do Desenvolvimento Humano na Sociedade Brasileira de Psicologia Analítica de São Paulo (SBPA).

Contato: marciabaptista1@gmail.com

**MARIA APARECIDA FREITAS DE VILHENA**, Psicóloga pela PUCSP, Psicoterapeuta de crianças, adolescentes e adultos. Membro Analista da SBPA- Sociedade Brasileira de Psicologia Analítica, filiada à International Association for Analytical Psychology. Membro do IBTSandplay, filiado à International Society for Sandplay Therapy. Integrante do NEPIA- SBPA.

Contato: cidavilhena@terra.com.br

**MARIA LYGIA ALLI MOLINEIRO**, psicóloga, mestre em psicologia clínica pelo Núcleo de Estudos Junguianos da PUCSP. Formação em gestalterapia e em abordagem corporal. Psicoterapeuta de orientação junguiana atende adolescentes, adultos, orientação vocacional e de carreira.

Contato: lygia.vocato@gmail.com

**MÔNICA ANDRIGO COELHO**, psicóloga e mestre em Psicologia Clínica pelo Núcleo de Estudos Junguianos da PUC-SP, graduada em Psicologia e Direito pela PUC-SP e em Comunicação Social pela ESPM. Atua como psicóloga clínica em consultório próprio em São Paulo, na abordagem junguiana, atendendo crianças, adolescentes e adultos, utilizando-se da psicoterapia verbal, e de técnicas não verbais com o uso de recursos expressivos artísticos, sandplay e técnicas corporais sutis, como a calatonia.

Contato: consultoriomac@gmail.com

**YEDDA HELENA RAYNSFORD MACDONALD**, psicóloga clínica pela PUC-SP, membro analista da SBPA-SP e da IAAP (International Association for Analytical Psychology). Atua em consultório de psicologia no atendimento de adolescentes, adultos, casais e família. Trabalha com Sandplay e Técnicas Expressivas.

Contato: yeddarmac@gmail.com

SATTVA EDITORA

contato@sattvaeditora.com.br
www.sattvaeditora.com.br